食育にすぐ活用できる教材シリーズを使った

朝ごはん指導実践事例集　目次

まえがき

第1章　朝ごはん指導の実践例
『食育にすぐ活用できる教材シリーズ 朝ごはん』を使ったアイデア指導例

小学校	第1学年	学級活動	朝ごはんも給食もしっかり食べて元気もりもりパワー全開！ 秋田県　仙北市立生保内小学校	P4
	第1学年	学級活動	あさごはんのひみつを知ろう 香川県　土庄町立土庄小学校	P6
	第1学年	学級活動	あさごはんパワーで元気100ばい！ 静岡県　静岡市立清水船越小学校	P8
	第2学年	学級活動	あらき先生の元気のヒミツをさぐろう！ 京都府　綾部市立豊里小学校	P10
	第3学年	学級活動	学習参観日に実施！親子に朝ごはん指導 富山県　富山市立東部小学校	P11
	第3学年	体育科 （保健領域）	朝ごはんはどうして大切なの？ 東京都　葛飾区立東柴又小学校	P12
	第4学年	学級活動	元気な一日のスタートは、よい朝ごはんから 愛知県　豊田市立浄水小学校	P14
	第5学年	学級活動	子どもたちを引きつける板書と教材で行った朝ごはん指導 京都府　長岡京市立長岡第六小学校	P16
	第5学年	学級活動	1日の生活をふりかえり、朝食の大切さを見直そう 茨城県　龍ケ崎市立龍ケ崎西小学校	P18
	第5学年	学級活動	体によい朝ごはんを考えさせ、指導のようすを学級通信に掲載 岐阜県　多治見市立北栄小学校	P20
	第5学年	学級活動	24時間時計で自分たちの生活リズムをチェック！ 東京都　江戸川区立大杉小学校	P22
	第5学年	学級活動	栄養バランスがととのった給食を参考に朝食の献立づくりに挑戦！ 北海道　江別市立いずみ野小学校	P23
	第5学年	学級活動	午前中のエネルギーとなる朝食を考えよう 千葉県　佐倉市立上志津小学校	P24
	第6学年	家庭科	授業で考えた朝食が給食の献立に!! 千葉県　佐倉市立西志津小学校	P26
中学校	第1学年	家庭科	手づくりレーダーチャートで朝食の栄養バランスをチェック 愛知県　小牧市立小牧中学校	P28
	第2学年	学級活動	自分の朝食をワンステップずつレベルアップしよう 茨城県　下妻市立下妻中学校	P30
	第3学年	学級活動	生活リズム改善のために3年生の全クラスで朝食指導 宮崎県　宮崎市立東大宮中学校	P31

生徒会活動	朝のショートホームルームで生活委員（生徒）が朝ごはん指導を実施		P32
	埼玉県　ときがわ町立玉川中学校		
学校行事	発育測定後の朝ごはん指導		P34
	愛知県　豊橋市立天伯小学校		
給食時間	栄養教諭と学級担任が連携！　食育の日の給食時間の一斉指導		P36
	鹿児島県　出水市立米ノ津東小学校		
給食時間	生活リズムチェック週間にペープサート劇を放送！		P38
	岐阜県　岐阜市立且格小学校		
その他の活動	親子で収穫した野菜で朝ごはんづくりに挑戦！		P39
	島根県　松江市立八雲小学校		
その他の活動	保護者に伝えたい朝ごはんの大切さ		P42
	東京都　足立区立第四中学校		
その他の活動	幼児の保護者向けの朝食指導		P43
	福岡県　福岡県立福岡聾学校		

全国各地の朝ごはん指導ダイジェスト ………………………………………… P44

第2章　指導案
『食育にすぐ活用できる教材シリーズ 朝ごはん』から生まれた指導案の数々

小学校	第1学年	学級活動指導案	香川県	土庄町立土庄小学校	P46
	第1学年	学級活動指導案	静岡県	静岡市立清水船越小学校	P48
	第2学年	学級活動指導案	京都府	綾部市立豊里小学校	P49
	第3学年	体育科学習指導案	東京都	葛飾区立東柴又小学校	P50
	第4学年	学級活動指導案	愛知県	豊田市立浄水小学校	P53
	第5学年	学級活動指導案	京都府	長岡京市立長岡第六小学校	P54
	第5学年	学級活動指導案	茨城県	龍ケ崎市立龍ケ崎西小学校	P56
	第5学年	学級活動指導案	岐阜県	多治見市立北栄小学校	P58
	第6学年	家庭科学習指導案	千葉県	佐倉市立西志津小学校	P59
中学校	第1学年	家庭科学習指導案	愛知県	小牧市立小牧中学校	P60
	第2学年	学級活動指導案	茨城県	下妻市立下妻中学校	P62
	第3学年	学級活動指導案	宮崎県	宮崎市立東大宮中学校	P64

第3章　資料編
すぐに使える資料を掲載

生活リズムシート ………………………………………………………………… P66

朝食の摂取状況グラフ …………………………………………………………… P71

あとがき

第1章
朝ごはん指導の実践例

『食育にすぐ活用できる教材シリーズ朝ごはん』を使ったアイデア指導例

小学校第1学年　学級活動

朝ごはんも給食もしっかり食べて元気もりもりパワー全開！

秋田県　仙北市立生保内小学校

使用した教材
・けんたくんのシートとペープサート
・低学年用ワークシート

指導のポイント

けんたくんのカラフル変身シートを使ってペープサートをした後、お話をふりかえりながら、朝ごはんが大切な理由を考えさせました。また、朝ごはんセットくんが給食の献立と似ていることを知らせて、栄養バランスのよい給食もしっかり食べるよう指導しました。

◆朝ごはんセットくんと給食を関連づけました

今日の給食
・麦ごはん
・いわしのレモンしょうゆ煮
・五目きんぴら
・じゃがいものみそ汁
・青りんごゼリー
・牛乳

▲朝ごはんセットくん

「全部食べたよ！」みんな笑顔で残さず給食を食べました。

① 朝ごはんセットくんには、ごはん、みそ汁、魚、野菜のおかずがあり、このようにいろいろな食べ物を食べると、体によいことを知らせました。

② 4時間目の指導なので「みんなのおなかはどうですか？」と問いかけると「おなかすいたー」との声があがりました。そこで、今日の給食は、朝ごはんセットくんと似ていることを話し、給食は栄養のバランスがよいことを知らせました。

③ 朝ごはんは、4時間目までの勉強や運動のパワーとなって使い切ってしまうことを話し、なくなったパワーを蓄えるためには、給食をしっかり食べることが大切であることを話しました。

◆ お話をふりかえり、朝ごはんの大切さを確認させます

子どもの発言

けんたくんはどうなっていきましたか？
「最初は朝ごはんを食べたくないといった」
「けんたくんの体が青くなった」

朝ごはんを食べないとどうなりましたか？
「おなかが減る」
「パワーがなくなる」
「勉強に集中できない」

朝ごはんを食べるとどうなりましたか？
「温かくなる」
「勉強をがんばれる」
「元気になる」

　子どもたちの発言は板書し、朝ごはんの大切さをもう一度ふりかえらせました。そして、ニコ太陽の言葉には出てこなかったもう一つのいいこととしてうんちが出ることも伝えました。

◆ 色ぬりを楽しみながら朝ごはんチェック

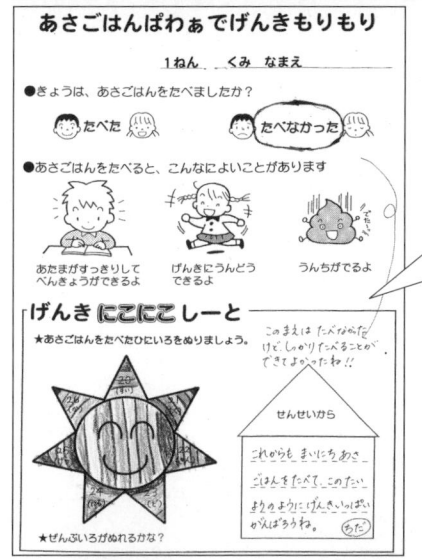

　明日からの1週間、朝ごはんを食べたら太陽に色をぬることを説明し、「この太陽がにこにこ太陽になって、みんなが朝ごはんパワーで毎日元気に勉強したり、運動したりできるといいですね」と伝えました。

指導をふりかえって　栄養教諭　千田京子

　授業後、前にも増して「ちだせんせ～い」と声をかけてくれるようになり、給食の残量も減ったように感じます。ワークシートの色のぬり方は「食べたよ!!」という気持ちがあらわれているカラフルなにこにこ太陽になっていてうれしく思いました。これからも継続した指導の大切さを実感しました。

小学校第1学年　学級活動

あさごはんのひみつを知ろう

香川県　土庄町立土庄小学校

使用した教材
・元気くんのパワーアップシート
・低学年用ワークシート

指導のポイント

※指導案は46～47ページに掲載しています。

朝ごはんの大切さについて教材を使って子どもたちに知らせると共に、自分の朝ごはんをふりかえらせて、よい献立になるよう子どもたち同士で話し合わせました。また、ワークシートに「お手がみ」枠を設けるなど、より保護者に伝わりやすい形に変更しました。

◆ワークシートを工夫した3つのポイント

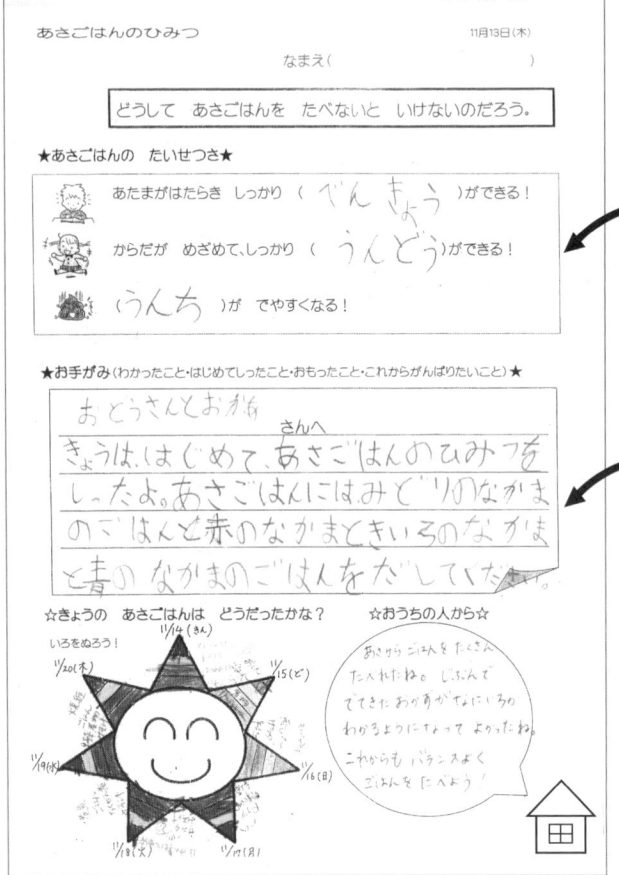

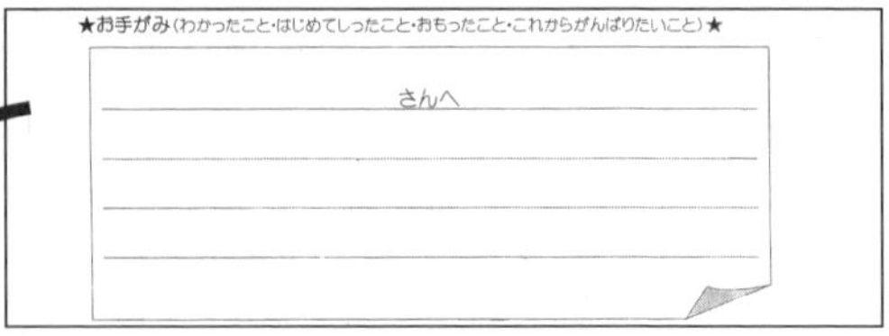

ポイント1　書き込み欄を作成

●朝ごはんを食べると、こんなによいことがあります
- 頭がすっきりしてべん強ができるよ
- 元気にうんどうできるよ
- うんちがでるよ

ポイント2　「お手がみ」枠を作成

授業で学んだことを保護者にきちんと伝えられるようにしました。

ポイント3　イラストを変更

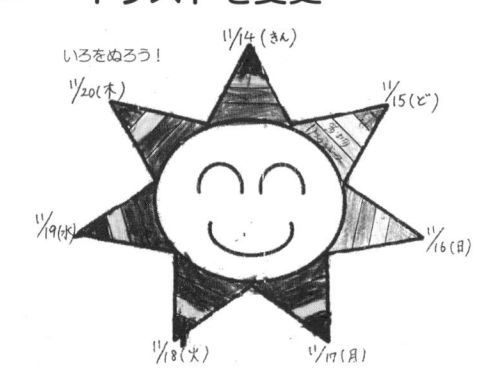

太陽の部分を4分割して、4つのへやの食べ物を食べたかどうか色わけできるようにしました。

ワークシートを工夫することで、「朝ごはんを食べた、食べなかった」だけでなく朝ごはんの内容にまで子どもたちの意識を向けることができます。

◆板書

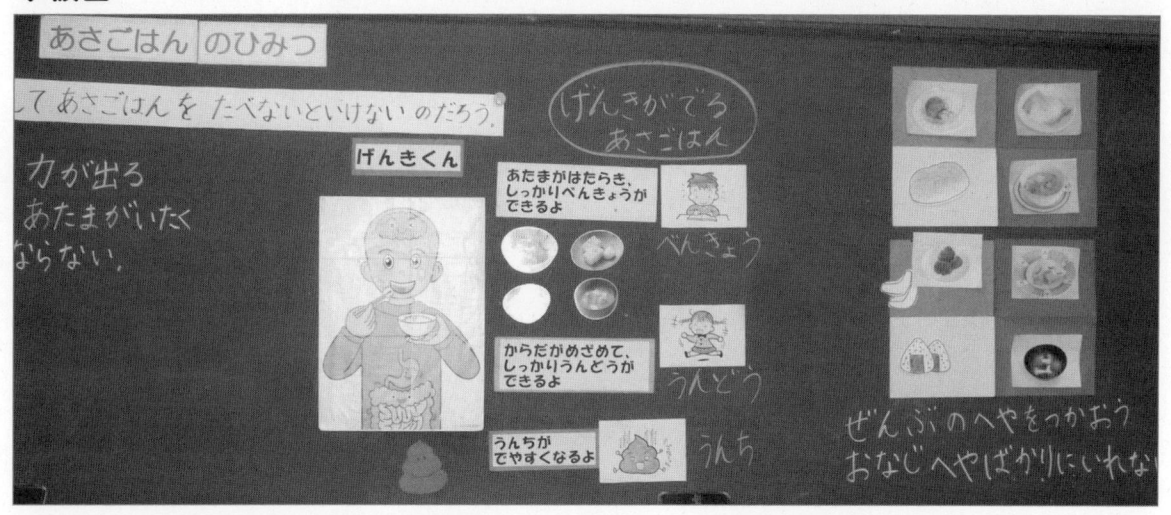

（板書写真：「あさごはんのひみつ」「どうしてあさごはんをたべないといけないのだろう。」「力が出る」「あたまがいたくならない」「げんきくん」「げんきがでろあさごはん」「あたまがはたらき、しっかりべんきょうができるよ」「からだがめざめて、しっかりうんどうができるよ」「うんちがでやすくなるよ」「べんきょう」「うんどう」「うんち」「ぜんぶのへやをつかおう　おなじへやばかりにいれない」）

◆朝ごはんをふりかえり、料理カードで楽しく献立の見直しを！

学習活動	児童の意識の流れ	教師の支援・評価
3　自分の朝ごはんについてふりかえり、考える。 （1）AさんとBさんの場合（例）を考える。 （2）自分の場合を考える。 （3）工夫したことを発表する。	自分の朝ごはんをふりかえってみよう。 Aさん　クリームパン1つ　→　ほかの食べ物も食べた方がいいと思うよ。／野菜がぜんぜんないから増やしたらいいんじゃないかな。／牛乳も飲んだらどうかな。 Bさん　ごはんと果物　→　野菜がないから、キャベツやレタスの野菜を増やすといいと思うよ。／汁がないから、みそ汁を増やしたいな。／ウィンナーも食べるといいんじゃないかな。 ごはん・目玉焼き・野菜炒め・牛乳でおなかいっぱいだったよ。／ごはん・みそ汁を食べたよ。／果物だけ食べてきたよ。 いろいろなものを食べているから、私の朝ごはんはこれでいいと思うな。／目玉焼きやウィンナーもつけたしたよ。／パンと野菜炒めをつけ足したよ。	・朝ごはんの内容を見直すために、児童の意識に合わせて、4部屋にわけた台紙を用意する。 ・料理カードを準備し、AさんやBさんに追加したらよい食べ物を選ぶようにする。 ・追加した理由のポイントとなる言葉を板書しておき、自分の場合の時に考えやすくする。 ◎自分の朝ごはんを見直し、隣同士で話し合わせることでさらによい献立にしていけるようにする。 ◎机間指導をする中で、朝ごはんを見直したり献立ができた児童にシールをはったりして満足感を高める。 評　自分の朝ごはんをふりかえり、よさや工夫を考えようとすることができたか。 ◎どうすればよいか困っている子には、友だちに相談して、アイデアをもらうように助言する。

◀自分の朝ごはんをふりかえって、追加するメニューを料理カードから選びます。友だちと話し合うことで、新しい気づきが生まれます。

◀自分の朝ごはんを見直して、工夫した点などを実物投影機を使って発表していきます。

指導をふりかえって　　学級担任　髙橋知恵

　朝ごはんの質の向上をめざしました。視覚的によくわかる元気くんを使ったので、子どもたちはしっかり話を聞いていました。自分の朝ごはんに料理カードを追加する際、子どもたちは楽しく生き生きと活動しました。授業のようすを保護者に伝えるために、ワークシートを工夫しました。

小学校第1学年　学級活動

あさごはんパワーで元気100ばい！

静岡県　静岡市立清水船越小学校

使用した教材
・けんたくんのシートとペープサート
・低学年用ワークシート

指導のポイント

※指導案は48ページに掲載しています。

　3学期の学級活動で行った指導で、ペープサートを活用することによって、子どもたちの興味、関心を引き出しました。また、板書に「朝ごはんを食べる前」のけんたくんと「朝ごはんを食べた後」のけんたくんを両方提示することで、より比較しやすくなりました。

◆子どもたちの理解を深めるためにけんたくんを活用

学習過程・キャリア視点	児童の追究	※手立て・留意点
深める	○「けんたくんのカラフル変身シートとペープサート」を見よう。 けんたくんのからだのいろは、どんなことをあらわしているのかな？ ・ブルーのけんたくんは元気がない。 ・ピンクのけんたくんは元気に運動ができる。	※けんたくんのカラフル変身シートとペープサートを活用する。 ※パネル掲示

◆ストーリーをアレンジ

　『食育にすぐ活用できる教材シリーズ 朝ごはん』の小冊子P6のけんたくんのお話を活用し、朝ごはんを食べないと、なぜ体が青くなってしまうのか説明文を追加しました。

ギラ太陽	「ブルー光線フラッシュ！」
ナレーター（追加）	けんたくんもみんなも気づいていないけれど、これが朝起きた時の体のようすなんです。みんなが寝ている間にも体は、呼吸したり、成長したりと忙しく働いていて、夕ごはんのエネルギーは夜のうちに使われてからっぽになりかけています。「ブルー光線」をあびたら、今の本当の体をあらわす色になりました。
けんたくん	「わー、体が青くなってる。えーん。」

◆ペープサートを2種類はって、わかりやすい板書にしました

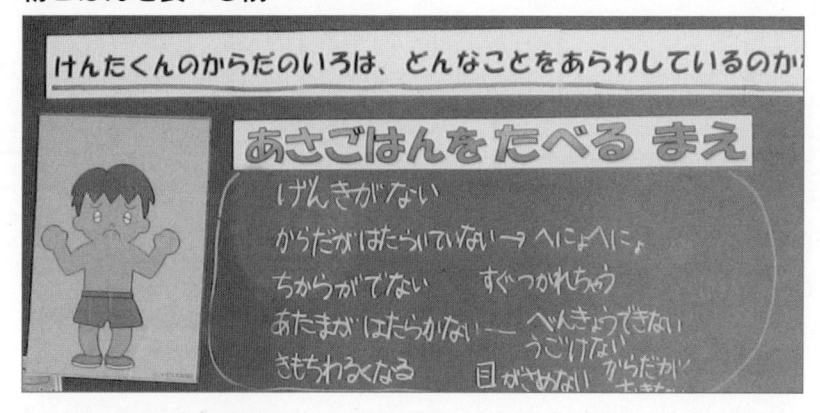

朝ごはんを食べる前

◀朝ごはんを食べる前で顔色が悪いけんたくん。

子どもたちの発言
・げんきがない
・ちからがでない
・すぐつかれちゃう
・あたまがはたらかない
・きもちわるくなる

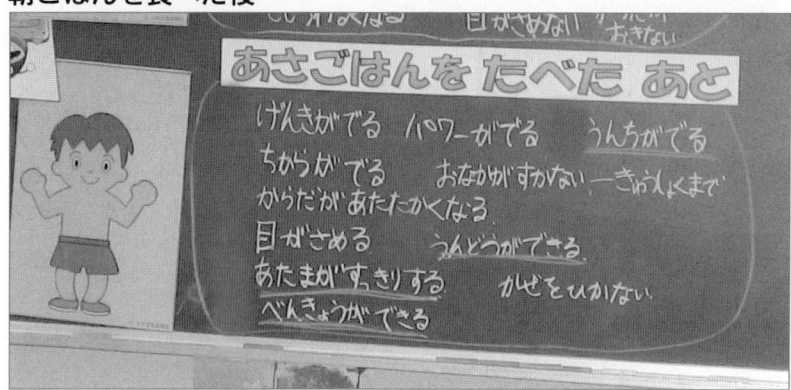

朝ごはんを食べた後

◀朝ごはんを食べた後で顔色がよいけんたくん。

子どもたちの発言
・うんちがでる
・ちからがでる
・目がさめる
・あたまがすっきりする
・べんきょうができる

◆板書

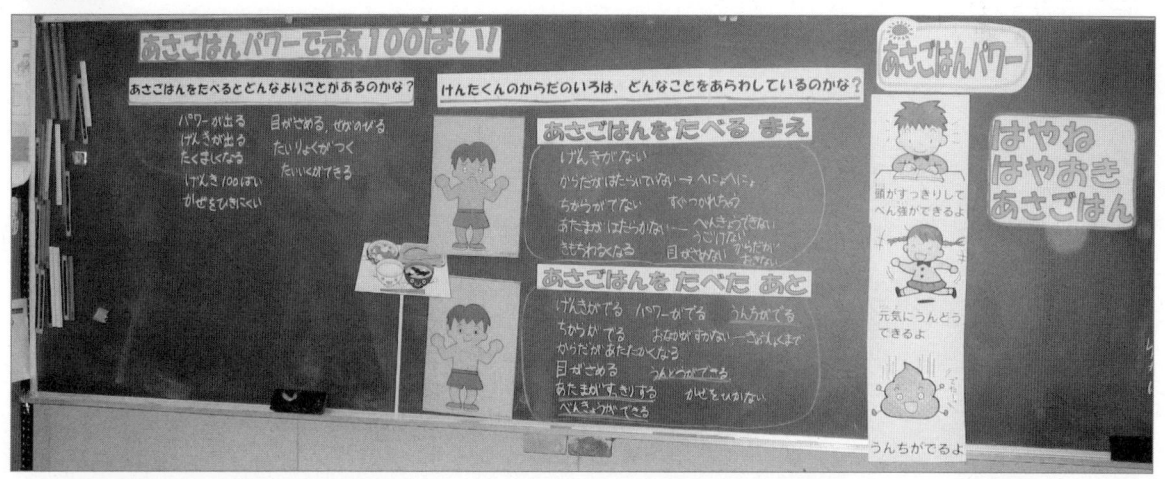

指導をふりかえって　　学校栄養職員　植田知里

ペープサートは担任も一緒にやるため、子どもたちを引きつける効果が大きかったようです。また、授業後の1週間、子どもたちに朝ごはんを食べた時の色ぬりをさせ、保護者の方に感想を書いてもらうことにより、家庭でもより一層意識してもらうことができました。

小学校第2学年　学級活動

あらき先生の元気の
ヒミツをさぐろう！

京都府　綾部市立豊里小学校

使用した教材
・元気くんのパワーアップシート

指導のポイント

※指導案は49ページに掲載しています。

　先生の元気のヒミツは何かを考えさせ、1日を元気にすごすためには朝ごはんを毎日食べることが大切であることを知らせます。朝ごはんを食べた時の変化は、元気くんのパワーアップシートの絵で理解させます。

◆指導の流れ

導入

● 学級担任が模型のマイクを使って栄養教諭へいつものようすをインタビューし、なぜ先生はいつも元気なのかを子どもたちに考えさせる。

> **学級担任**　今日は荒木先生にきていただいています。せっかくなので、いろいろなことを聞いてみたいと思います。（年齢、趣味、好きな食べ物など一般的な質問をします）荒木先生って、いつもとっても元気ですよね。にこにこ笑顔だし、大きな声だし、どうしていつもそんなに元気なのですか？

> **栄養教諭**　はい。先生がなぜいつもこんなに元気なのか今日はそのヒミツについて勉強していきます。答えはまだいいません。今日の勉強の中にそのヒミツが隠されていますよ。よーく聞いて、よーく考えてそのヒミツを探ってみてくださいね。

展開

● ヒントとなる紙芝居を見せる。
● 主人公のようすをふりかえらせ、答えを発言させる。

※朝ごはんを食べてこなかった児童が遠足で体調を悪くするお話。

● 元気くんのパワーアップシートを使って朝ごはんを食べた時の体の変化を知らせる。

まとめ

● これからはどんなことに気をつけて生活したいか、ワークシートに書かせる。

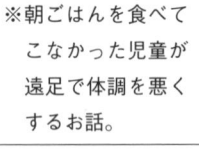

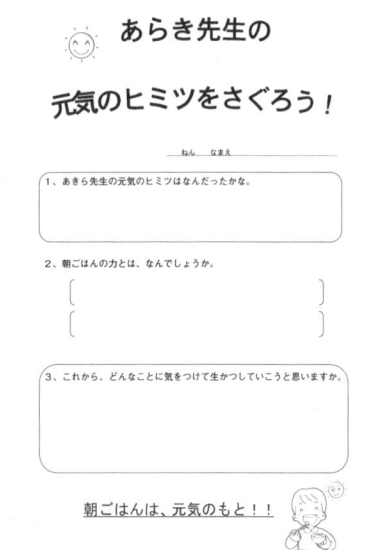

あらき先生の　元気のヒミツをさぐろう！

ねん　なまえ

1、あきら先生の元気のヒミツはなんだったかな。

2、朝ごはんの力とは、なんでしょうか。

3、これから、どんなことに気をつけて生かつしていこうと思いますか。

朝ごはんは、元気のもと！！

指導をふりかえって

栄養教諭　荒木信子

　めあてを「あらき先生の元気のひみつをさぐろう」としたことで、児童が興味を持って学習に臨んでくれました。「元気くんのパワーアップシート」が視覚にうったえる教材で、児童に好評でした。低学年にも理解しやすい内容だったと思います。

小学校第3学年　学級活動

学習参観日に実施！
親子に朝ごはん指導

富山県　富山市立東部小学校

使用した教材
・サーモグラフィー
・食品カードとシート

指導のポイント

「朝ごはん調べ」の結果から、バランスのよい朝食を楽しく食べている児童が少ないということがわかりました。そこで、児童と保護者に朝ごはんを見直してもらうため、学習参観日に食育の指導を行いました。

◆保護者を巻き込んで授業をすすめました

▲児童が「これからは野菜をもっと食べようと思います」と発言すると、学級担任がすかさず「○○くんのお母さんどうですか？」と質問。保護者の感想も聞き出すことで親子で朝ごはんを見直すきっかけになったようです。

保護者からの感想

・朝起きるのがおそいので、ついかんたんに食べれるものや子供のすきなものにしてしまいがちですが、3つの色の食事（栄養）にそれぞれ異なるパワーがあることを知り、バランスのとれた食事の大切さが改めて分かりました。

・とても楽しい授業でした。子供も朝ごはんのときに「4つのお皿がそろっているね」と意識するようになりました。

・子供たちが自分でバランスのとれた食事の大切さを学んでいくことは、とても大切だと思いました。食育の授業をこのように取り入れていってほしいと思います。

※いずれも原文ママ。

◆板書

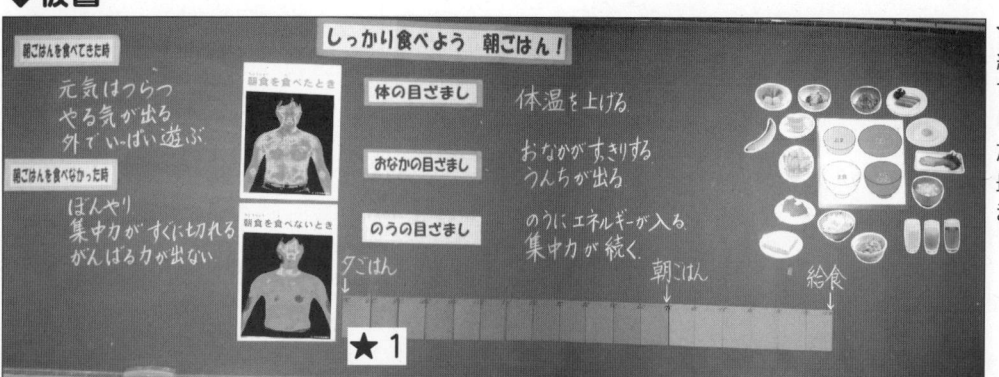

★1 紙でつくった帯で時間をあらわし、朝食をぬいた場合の時間の長さに気づかせます。

指導をふりかえって
栄養教諭　太田裕美子

子どもたちが学校で学んだ食に関する知識を実践するためには、家庭との連携・協力が不可欠です。また保護者も共に学ぶことで食に関する理解が深まり、より望ましい食習慣を育むことができます。これからも楽しい食に関する指導を家庭と連携しながらすすめていきたいと思っています。

小学校第3学年　体育科（保健領域）

朝ごはんはどうして大切なの？

東京都　葛飾区立東柴又小学校

使用した教材
・元気くんのパワーアップシート
・サーモグラフィー
・食品カードとシート
・中学年用ワークシート

指導のポイント

※指導案は50～52ページに掲載しています。

　体育（保健）の単元「毎日の生活と健康」で朝ごはん指導を行うことで、健康な体づくりには朝ごはんが大切だという意識を持ち、日常の生活をふりかえることができました。また、養護教諭と連携して指導することによって、保健領域における子どもたちの理解がより深まりました。

◆体育（保健領域）の「毎日の生活と健康」で朝ごはん指導

指導計画（全5時間・本時第2時）

学習内容
朝ごはんはどうして大切なの？
1. 朝ごはんを食べたか、その内容も含めてふりかえる。
2. 朝ごはんを食べると体温が上がることを知る。
3. 朝ごはんを食べることによって脳が活発に活動することを知る。
4. 朝ごはんの大切さを理解し、食生活できちんと朝ごはんを食べる習慣を身につけようと意欲を持つ。

◆養護教諭による指導

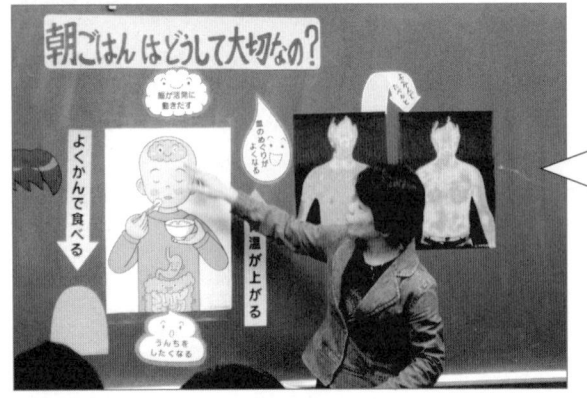

【展開】朝ごはんを食べた後の体の変化について、養護教諭が子どもたちに問いかけていきます。

　あったかいごはんと具がたくさん入ったおみそ汁を食べはじめると元気くんのほっぺたは、どんなふうにかわってきたかな？　そうですね。ピンク色にかわってきましたね（サーモグラフィーを見せ）実際に体の表面温度がわかるサーモグラフィーを見てみましょう。朝ごはんを食べる前はこのように体温が低い状態です。そこで、朝ごはんを食べはじめると、どんなふうにかわってきましたか？

◆学級担任による指導

【まとめ】子どもたち自身の食生活について、ふりかえらせ、朝食を食べようという意欲を持たせます。

　ワークシートに、朝ごはんを食べると体にどんなよいことがあるか、君たちが今日勉強したことをおうちの人に伝えられるように書いてください。最後にもう一度確認しますが、朝、パンだけ、ごはんだけ食べればいいではだめですよ。いつも給食を見習いなさいといっているよね。バランスが大切だよ。明日の朝ごはんは何を食べますか？　今日勉強したことをおうちで実践してもらいたいと思います。

◆板書

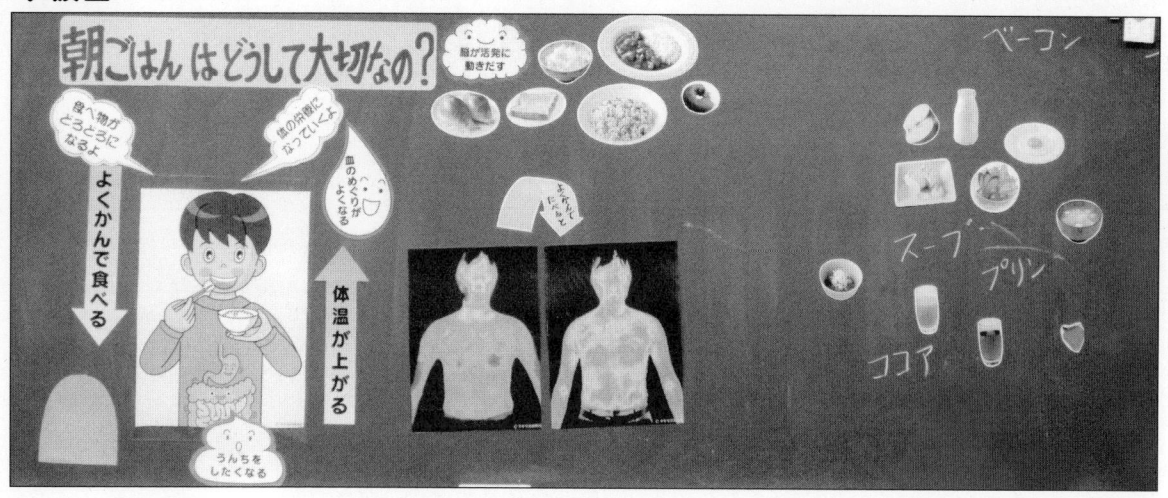

◆ワークシート

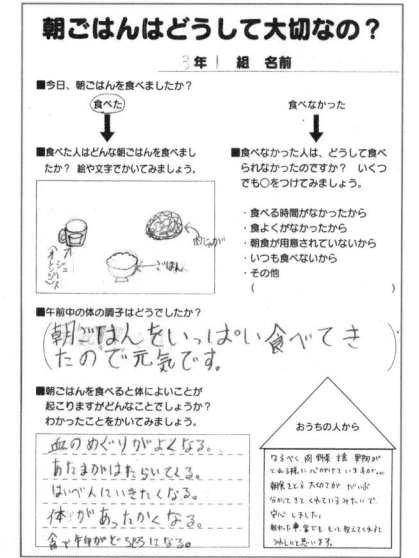

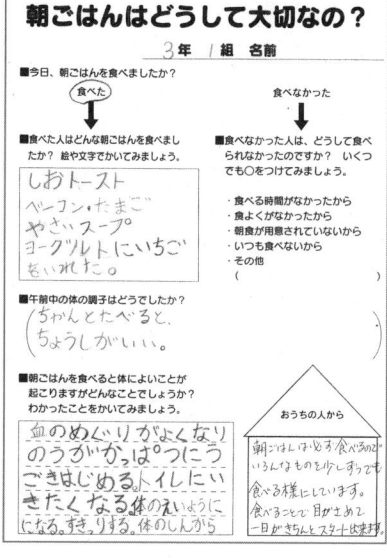

今日の授業で、朝ごはんを食べるとたくさんいいことがあるとわかった子どもたち。ワークシートに記入していきます。

おうちの人からの感想
※原文ママ

朝ごはんはパワーの素!!とても大切なことがわかったね。毎日早起きしてたくさん食べて心も体もビックになろうね。お母さんも早起きして頑張って作るよ!!

朝ごはんは一日の元気のもと! 好ききらいが少ないので、よかったです! そのおかげでスクスク育っています。たくさん食べて、たくさん動いて、ねて、たくさん勉強してください!

なるべく肉、野菜、主食、果物がとれる様に心がけていますが…。朝食をとる大切さがだいぶ分かってきてくれているみたいで安心しました。教わった事、家でももっと教えてくれるとうれしいと思います。

指導をふりかえって　学級担任　関根寿一

多くのビジュアル教材や資料が、理解しやすさと共に子どもたちの関心を高めることにもつながり、家に帰った子どもたちがすすんで家族の人に授業の中身を報告してくれました。日々の食生活の中に授業で得た知識や考え方をどれだけ生かしていくかという本校のテーマに合った教材でした。

小学校第4学年　学級活動

元気な一日のスタートは、よい朝ごはんから

愛知県　豊田市立浄水小学校

使用した教材
・けんたくんのシートとペープサート
・元気くんのパワーアップシート
・サーモグラフィー
・食品カードとシート
・生活リズムロープ

指導のポイント

※指導案は53ページに掲載しています。

朝から元気にすごすためには、1日のはじまりに「よい朝ごはん」を食べることが大切であると知らせるために、元気くんのパワーアップシートにひと工夫を加えて活用しました。また、手づくりの24時間時計やワークシートで朝ごはんと体の調子について学べるようにしました。

◆朝起きた状態の「元気くん」から指導を展開しました

①起きたままの状態
はしとちゃわんの部分を隠して「寝起きで、ボーッとしていますね」などと話し、脳が目覚めていないようすも見せます。

②朝ごはんを食べた状態
「朝ごはんを一口食べてみましょう」といってから、元気な脳と目のイラストなどをはり、朝ごはんの効果を話します。

③朝ごはんの大切なはたらき
「朝ごはんを食べると、体にどのような変化があらわれるのでしょう」などと問いかけ、子どもたちの発言をもとに文字のシートをはっていきます。

◆24時間時計で朝ごはんを食べていない時のことを想像させます

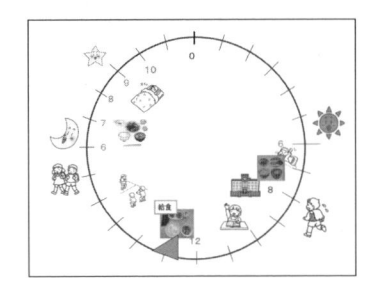

時計に見立てた円に、1時間ごとに目盛りをつけて24時間時計をつくります。円の中には、1日のようすが想像しやすいように、イラストや写真がはってあります。

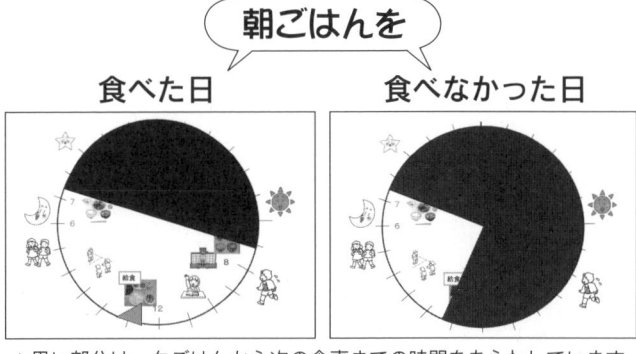

朝ごはんを
食べた日　　食べなかった日

▲黒い部分は、夕ごはんから次の食事までの時間をあらわしています。

◆板書

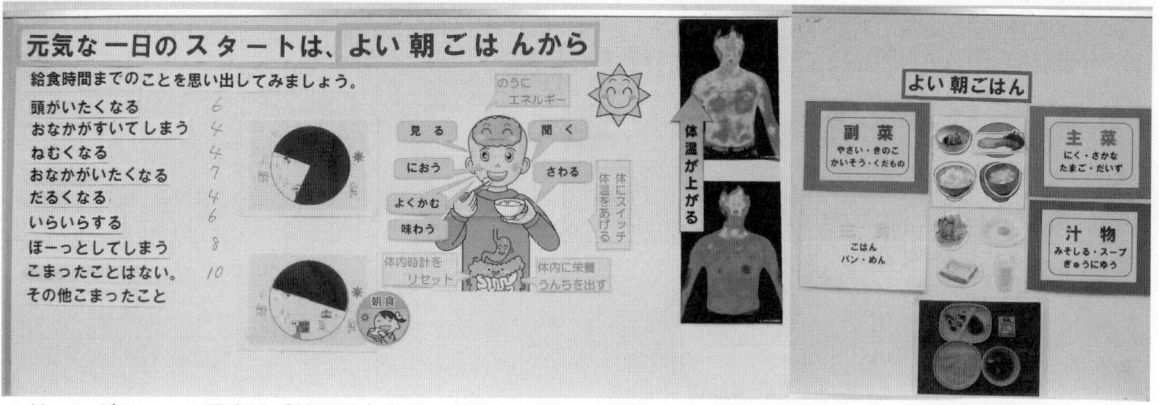

▲サーモグラフィー写真は「朝ごはんを食べる前」を下に、「朝ごはんを食べた後」を上にはることで、体温が上がることを視覚でわかりやすいようにしました。

◆自分の体調と朝食の関係がわかるワークシート

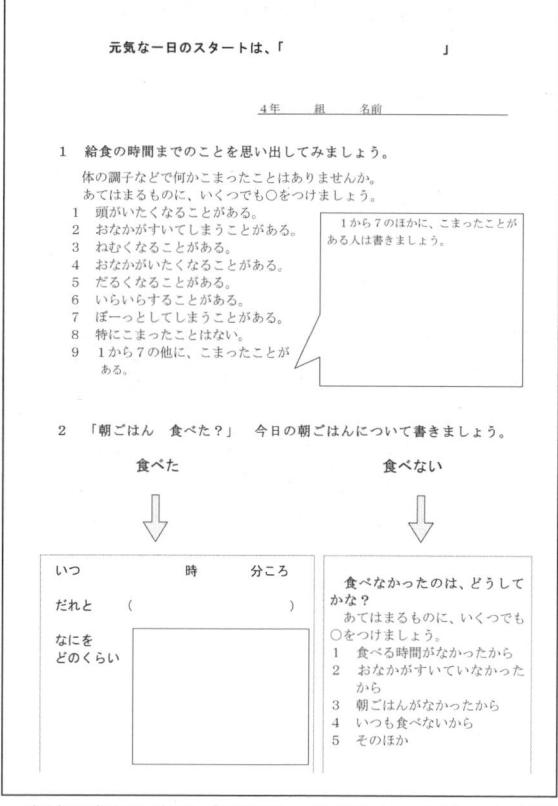

▲本時の主題である「元気な一日のスタートは、よい朝ごはんから」の「よい朝ごはん」は指導過程のまとめの部分で子どもたちに気づかせます。本時の最後でワークシートに書かせることによって、子どもたちに定着させるようにしました。

指導をふりかえって

栄養教諭　髙田尚美

子どもたちが体調をふりかえり、「朝ごはん」との関係を知ることで、「朝ごはんは大切だ」ということを、自分の問題として考え行動できるようにしたいと考えた授業です。保護者と連携をとり、子どもたちが考えた「できること」を実行できるようにサポートすることが大切だと感じています。

小学校第5学年　学級活動

子どもたちを引きつける板書と教材で行った朝ごはん指導

京都府　長岡京市立長岡第六小学校

使用した教材
・サーモグラフィー
・食品カードとシート
・生活リズムロープ

指導のポイント

※指導案は54～55ページに掲載しています。

子どもたちの興味を引きつけるために、サーモグラフィーや生活リズムロープなどを駆使して視覚にうったえる板書を心がけました。また、パワーポイントを使ってクイズを出題することで、より子どもたちに朝ごはんの大切さを伝えることができました。

◆板書

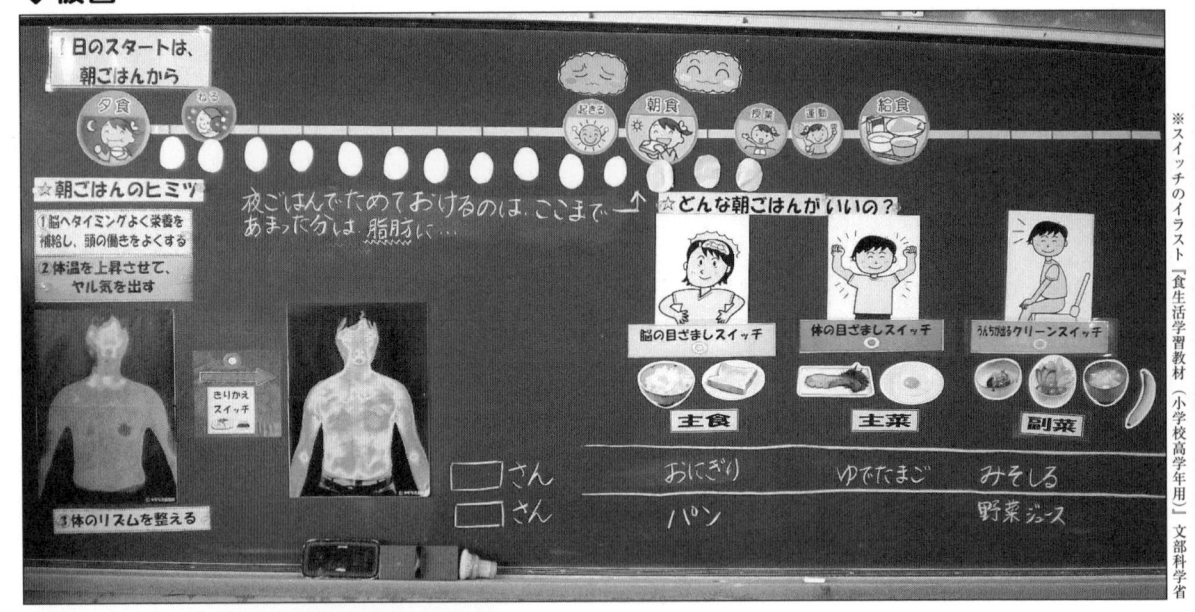

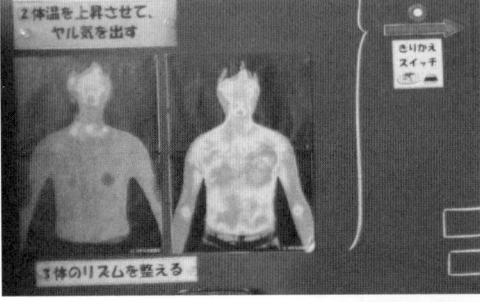

※スイッチのイラスト『食生活学習教材（小学校高学年用）』文部科学省

●板書計画から変更した板書

サーモグラフィーに関して、当初は板書計画通りに左のようなものを予定していました。ところが、実際には、上のように「きりかえスイッチ」を間にはさむことによって、よりわかりやすくなりました。

生活リズムロープの時間にそって、ブドウ糖のイメージをはりつけていきました。夜ごはんでためておけるのは朝ごはんまで、ということが一目でわかりやすくなっています。

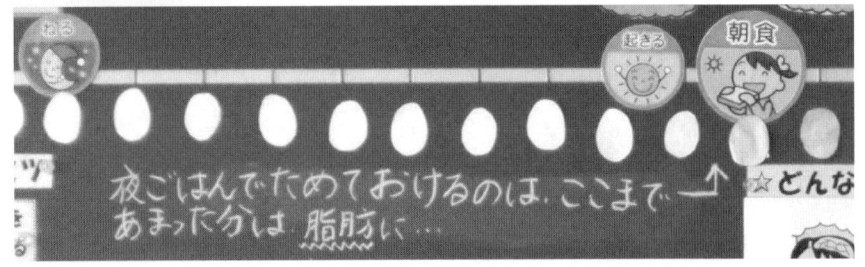

●食品カードを活用して3つのスイッチごとに主食・主菜・副菜に分類

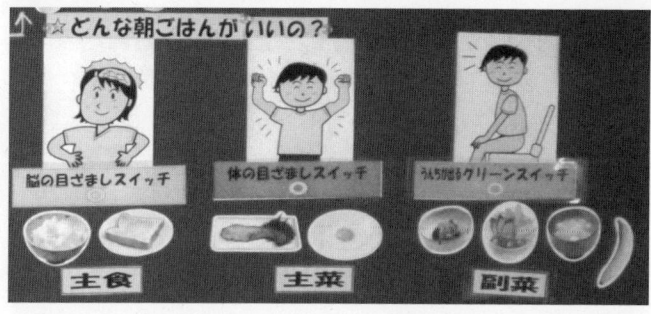

①脳へタイミングよく栄養を補給し、頭の働きをよくする（脳の目覚ましスイッチ）

②体温を上昇させ、やる気を出す（体の目覚ましスイッチ）

③体のリズムをととのえる（うんちが出るクリーンスイッチ）

◆朝ごはんのクイズとヒミツをパワーポイントで作成

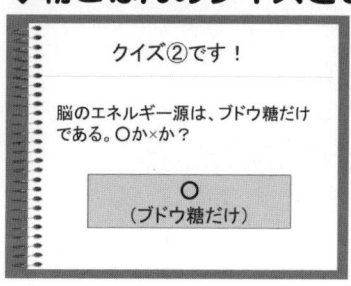

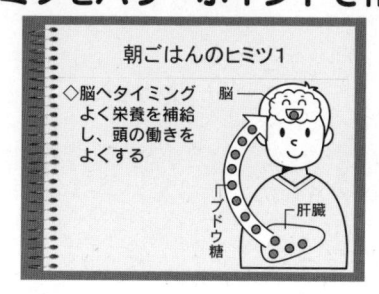

◀このほかにも、「朝ごはんを食べた時と食べなかった時では、体温の高さが違う。○か×か？」など、○×形式ですぐに子どもたちが考えられるクイズを出題しました。また、クイズの内容に関連したヒミツ（解説のようなもの）をセットにしたので、子どもたちも理解しやすかったようです。

◆板書計画

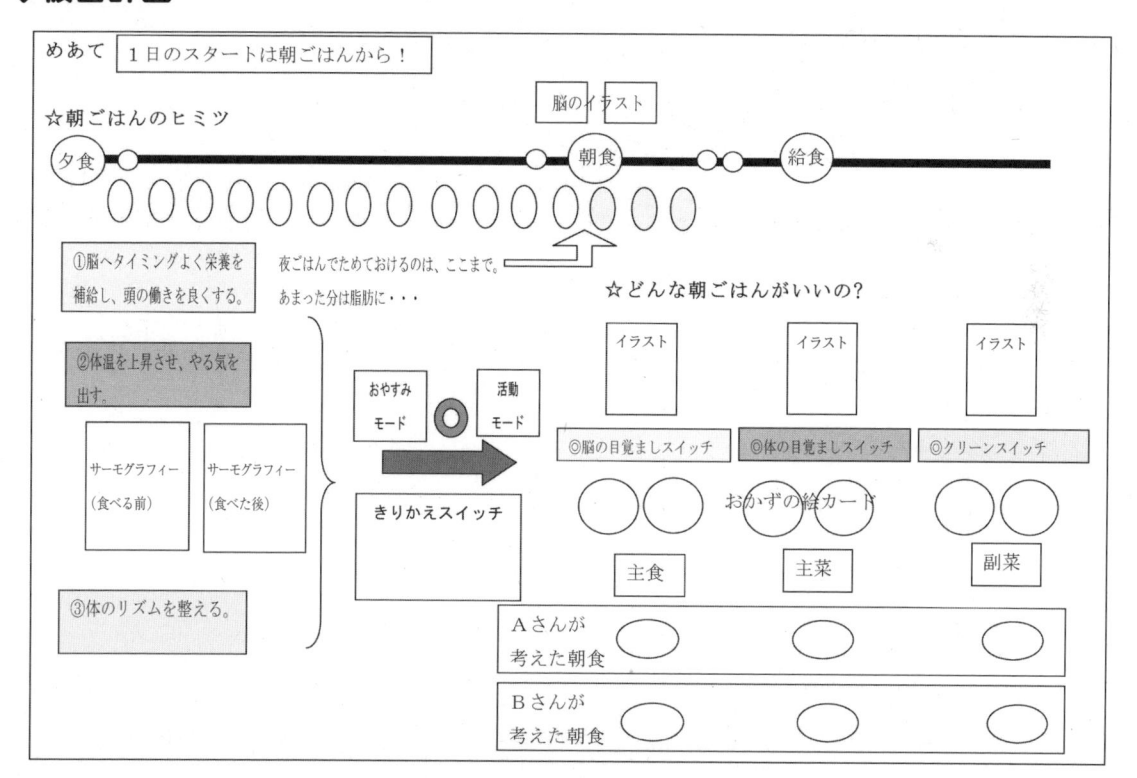

指導をふりかえって　栄養教諭　上田麻理子

生活リズムロープを示しながら指導したことで、子どもたちは朝ごはんをぬくと時間の間隔があきすぎることに気づいたようです。また、夜に食べすぎた分は脂肪となって体に蓄えられるので、朝ごはんのかわりにはならないという説明にも納得したようすでした。

小学校第5学年　学級活動

1日の生活をふりかえり、朝食の大切さを見直そう

茨城県　龍ケ崎市立龍ケ崎西小学校

使用した教材
・元気くんのパワーアップシート
・サーモグラフィー

指導のポイント

※指導案は56〜57ページに掲載しています。

児童が興味を持てるように、視覚に訴えるサーモグラフィーや手づくりの教材を活用しました。また、1日のようすを絵カードで具体的に示したり、タイムスケジュールをつくらせたりすることで、生活リズムを理解させ、朝食の大切さを意識づけられるようにしました。

◆クイズ形式でサーモグラフィーを活用！

サーモグラフィーは、体の表面温度がわかる写真であることを説明した後に、「朝ごはんを食べてきた人はどちらだと思いますか？」と児童に問いかけ、挙手させました。

◆朝食によって変化する体の調子や休日のタイムスケジュールを記入させます

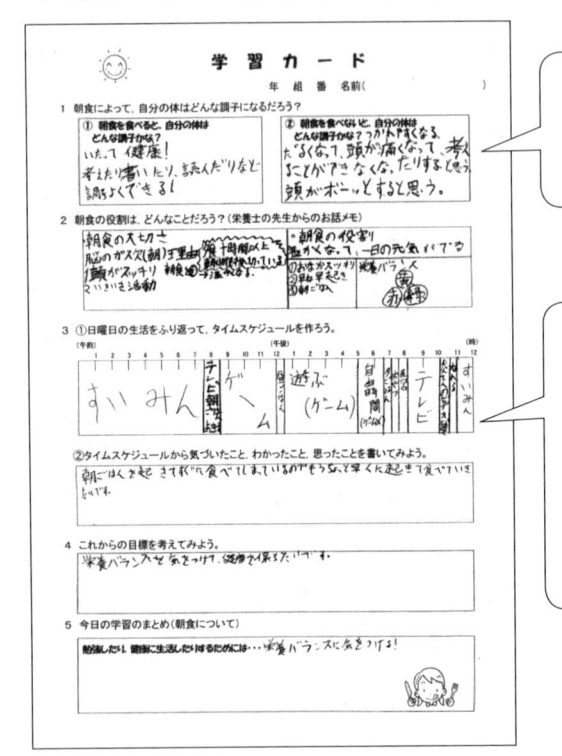

▲朝食を食べた日と食べない日の体の調子についてワークシートに記入させます。

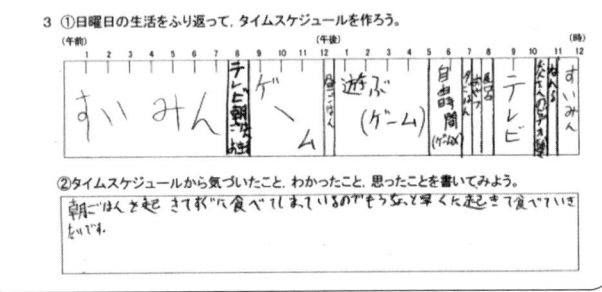

▲日曜日のタイムスケジュールを書かせることで、休日の生活の問題点に気づかせます。

◆絵カードを使って1日の生活リズムを意識させます

朝食を食べていない1日のようす　　　　　　朝食を食べた1日のようす

A　→　裏がえすと　→　B

※イラスト「しっかり食べよう朝食」少年写真新聞社刊より

| 絵カードの使い方 | ①Aの面を表にして黒板にはり、「なぜ男の子は元気がないのでしょう？ 1日のようすを見て気づいたことを発表しましょう」と問いかけます。
②「遅くまで起きている」「朝食を食べていない」など児童の発言に合わせて絵カードを裏がえします。
③睡眠、朝食、排便、授業の絵カードを裏がえしたら、男の子の絵カードも裏返して、Bの状態にします。1日を元気にすごすためには、早寝、早起き、朝ごはんが大切であることを伝えます。 |

◆給食を教材に活用し、栄養のバランスについて考えさせます

給食の写真を切りぬいてカードにしたものを用意し、赤・黄・緑にわけて一目で栄養バランスがととのっていることがわかるようにします。そして朝食でも栄養のバランスが大切であることを話します。

◆指導後のサポートで実践力を身につけさせます

事後の活動

・簡単につくれる朝食レシピを配り、児童が自らつくることができるよう支援する。
・「朝食だより」を作成し、家庭へ働きかける
・1週間の朝食状況を朝食カードに記入させる。栄養教諭からのコメントを記入し、意欲を高める。

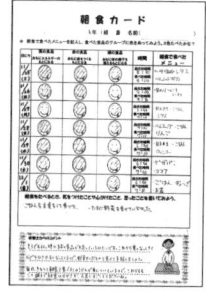

指導をふりかえって　栄養教諭　沢辺智美

　子どもたちは、朝食を食べるとみるみる元気になっていく「元気くん」のようすを視覚的にとらえることで、朝食の大切さを実感していました。「早く起きる」「バランスよく食べる」など、意欲的な声も聞かれました。今後は、朝食習慣の確立と共に食事内容の指導を充実させていきたいです。

小学校第5学年　学級活動

体によい朝ごはんを考えさせ、指導のようすを学級通信に掲載

岐阜県　多治見市立北栄小学校

使用した教材
・サーモグラフィー
・食品カードとシート
・生活リズムロープ

指導のポイント

※指導案は58ページに掲載しています。

　生活リズムロープやサーモグラフィーを使って朝ごはんの役割を理解させた後、実態調査をもとにした食事例を示し、自分の朝ごはんについても改善できるように考えさせました。また、学級担任が学習のようすを学級通信に掲載し、家庭に配布しました。

◆指導の流れ

① 朝ごはんの献立を思い出させて学習プリントに書かせます。

② 生活リズムロープやサーモグラフィーを使って、朝ごはんの体への影響を知らせます。

③ 食事例を2つ提示し、主食・主菜・副菜・汁物（飲み物）にわけさせ、体によい朝食を考えさせます。（※1）

④ 体によい朝ごはんを食べるためのポイントとして、早寝・早起きをする、夕食後にはおやつを食べない、簡単に増やせるおかずを工夫するなどの話をします。

⑤ 学習したことを踏まえて、自分の朝ごはんを改善させます。

（※1）

Aのような朝ごはんを食べる前に、自分ができることを考えさせます。

・早寝、早起きをする
・家を出る1時間前には起きて体を動かす

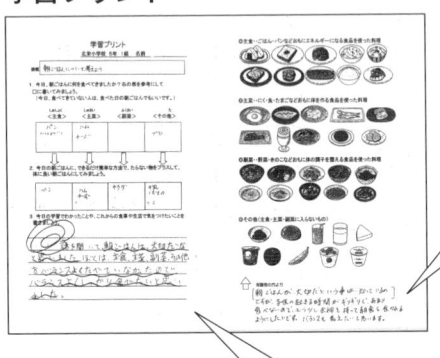

Bに何をしたら体によい朝ごはんになるのかを考えさせます。

・主菜を加えるとしたら…
・さらに副菜を加えるとしたら…
・さらにそのほかを加えるとしたら…

学習プリント

保護者の方より

　朝ごはんが大切だという事は、知っているのですが、子供の起きる時間がギリギリで、あまり食べないので、もう少し余裕を持って朝食を食べれるようにしたいです。バランスも考えたいと思います。

※原文ママ。

今日の学習でわかったことや、これからの食事や生活で気づいたことを書きましょう。

　話を聞いて、朝ごはんは大切だなと思いました。ぼくは、主食、主菜、副菜、その他をバランスよく食べていなかったので、バランスよくしっかりと食べたいと思いました。

※原文ママ。

◆板書

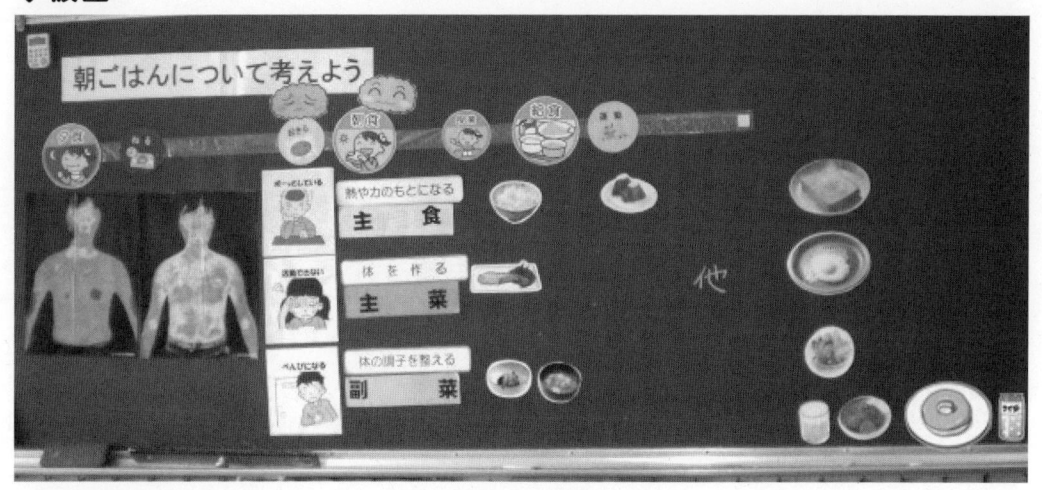

◆学級通信で学習のようすを家庭に発信！

指導をふりかえって　栄養教諭　松原恵子

　サーモグラフィーを提示したことで、朝食の体への影響がよくわかり、食品カードを使うことでよりよい朝食をとるには何をプラスしたらよいのか、楽しく具体的に考えることができました。
　また、生活リズムロープを使うことで、生活リズムと朝食の関係がよくわかったようです。

小学校第5学年　学級活動

24時間時計で自分たちの生活リズムをチェック！

東京都　江戸川区立大杉小学校

使用した教材
・元気くんのパワーアップシート
・サーモグラフィー
・生活リズムロープ
・高学年用ワークシート

指導のポイント

1日のはじまりに朝ごはんをとることの大切さを知ってもらうために、元気くんのパワーアップシートとサーモグラフィーなどで朝ごはんの役割を知らせました。そして、手づくりの24時間時計を使い、朝食を食べた時と食べない時では、生活リズムに変化が起こることを示しました。

◆生活リズムロープのイラストを使って教材を作成

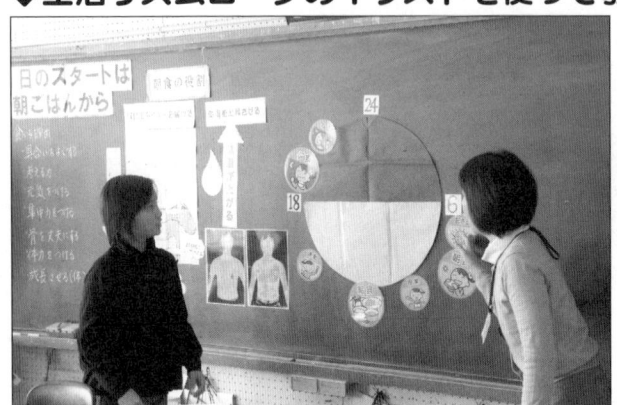

左の写真の中央にはってあるのが24時間時計です。この教材は、24時間の時計に見立てた円と生活リズムロープのイラストを使って、1日のスタートには朝ごはんが大切であることを一目でわかるようにしたものです。黒い部分は、体が休んであまり活動していない状態を表し、オレンジ色（※本書では白い部分）は、体が目覚めて活動している状態を表しています。

●指導の流れ

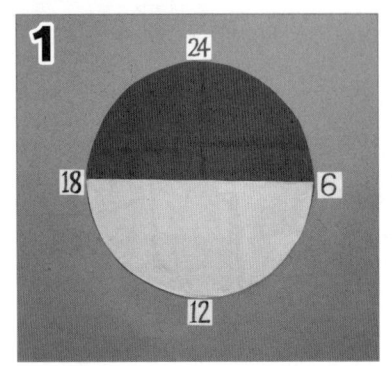

1 写真のように黒い円と数字をはり、オレンジ色の半円を6時から18時の下半分の上に重ねてはります。

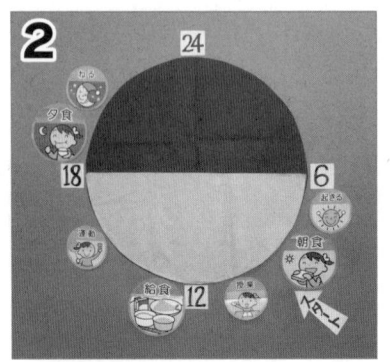

2 児童に1日の生活のようすを時計に合わせてはらせ、きちんと朝ごはんを食べると、活動時間に体が目覚めていることを話します。

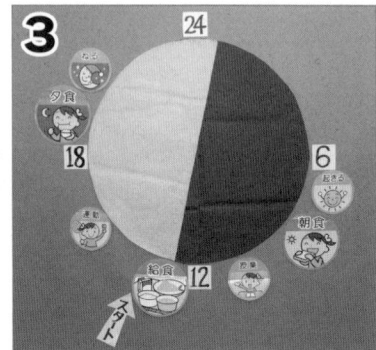

3 朝ごはんをぬくと、午前中は体が休んでいるので、1日の活動と体の状態にずれが生じることを半円の位置を動かして知らせます。

指導をふりかえって　学校栄養職員　舩田友紀

児童は、教材の元気くんが起床して朝食をとるとさまざまな変化が体の中で起こっていくようすを見て歓声を上げていました。また、24時間時計に生活リズムロープのイラストを自分の生活時間に当てはめてはってもらうことで、1日のスタートには朝食が大切であることをよく理解できたようです。

小学校第5学年　学級活動

栄養バランスがととのった給食を参考に朝食の献立づくりに挑戦！

北海道　江別市立いずみ野小学校

使用した教材
・元気くんのパワーアップシート
・サーモグラフィー
・食品カードとシート

指導のポイント

給食を生きた教材として活用し、食品の3つの働きや主食・主菜・副菜を考えて料理を組み合わせると栄養のバランスがとれることに気づかせました。そして、食べ物の働きを考えて元気の出る朝食を組み立てさせ、実践しようとする意欲がわくようにしました。

地場産物を使った給食

▲献立は、ごはん、牛乳、いもだんご汁、さけから揚げのピリ辛漬け、コーン入りごまサラダ、大豆ふりかけ。

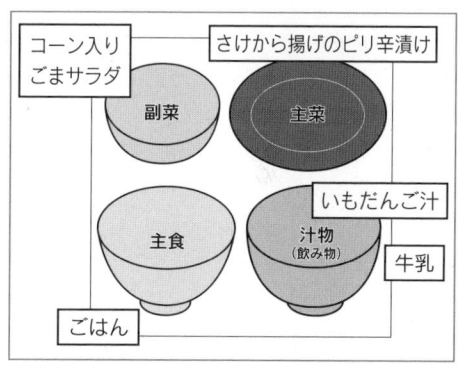

▲給食の献立を主食、主菜、副菜、汁物（飲み物）にわけました。

◆板書計画

```
         元気が出る朝食を考えよう
朝食の役割   ○朝食を食べるための条件  ○栄養バランスのよい食事とは
             ・早く起きる              （今日の給食）
元気くんの   ・早くねる
パワーアップ ・夜遅くに食べない        主食・主菜・副菜・汁物（飲み物）シート
シート       ・体を動かす
サーモ                                おもにエネルギーの  主食……ごはん
グラフィー   ○朝食で気をつけたいこと  もとになる
             ・毎日食べる              おもに体をつくる    主菜（たんぱく質   さけから揚げ
             ・量をきちんととる        もとになる          の多いもの）……  のピリ辛漬け
             ・用意が早くできるもの    おもに体の調子を    副菜（野菜が      コーン入り
             ・栄養も考える            ととのえる          中心のもの）……  ごまサラダ
```

ワークシート▶

元気がでる朝食を考えよう

指導をふりかえって　栄養教諭　菊地恵美子

朝食欠食児は5％ほどでしたが、起きてすぐ朝食だったり時間が短かったりと、朝食をとっていてもその内容が十分でないと思われる児童が多数見られました。朝食をきちんととるためには家庭との連携が必要で、児童の実態と授業内容を参観日後の懇談会でも担任から話すようにしました。

小学校第5学年　学級活動

午前中のエネルギーとなる朝食を考えよう

千葉県　佐倉市立上志津小学校

使用した教材
・元気くんのパワーアップシート
・サーモグラフィー
・食品カードとシート

指導のポイント

午前中の活動のエネルギーとなる朝食は、どのようなものがよいかを考えさせるために、栄養のバランスのとれた朝食を食べると頂上までたどり着く「朝食登山ワークシート」を作成しました。また、食品カードで朝食例を示したり、地場産物を使用した給食を教材に活用したりしました。

◆自分の朝食を確認させました

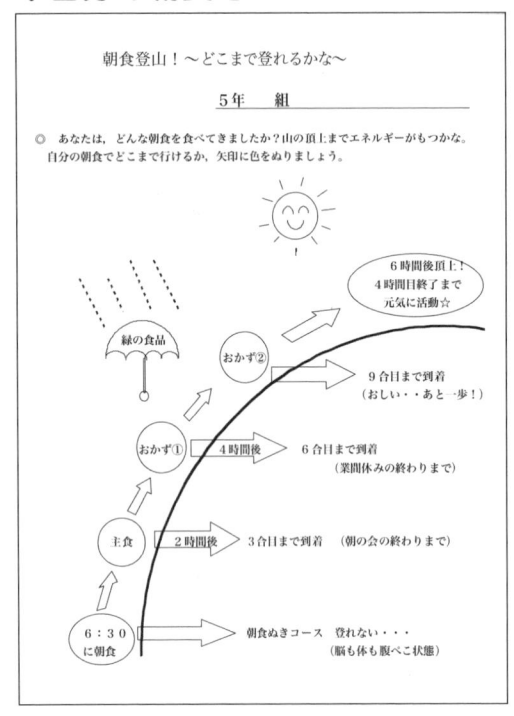

▲朝食を食べた時と食べなかった時の時間の差や体温の違いを話しているようす。

○昨夜の夕食から朝食までの時間と朝食から昼食までの時間を考え、朝食を食べなかった時と食べた時の時間の差を比較します。
○今朝の自分の朝食は、どのような内容だったかを思い出させて、ワークシートに色ぬりをさせます。
○ワークシートをもとに朝食の内容について考えさせます。

◆午前中の活動に必要な朝食献立例を示しました

◀食品カードを使って栄養バランスがよい献立について話しました。

◆朝食を見直し、栄養バランスのよい地場産物の給食に結びつけます

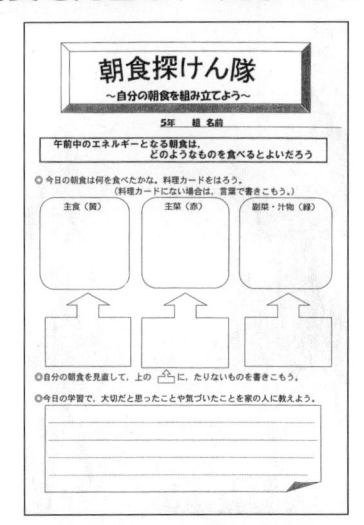

朝食探けん隊
～自分の朝食を組み立てよう～

5年　組　名前

午前中のエネルギーとなる朝食は、どのようなものを食べるとよいだろう

○今日の朝食は何を食べたかな。料理カードをはろう。
（料理カードにない場合は、言葉で書きこもう。）

| 主食（黄） | 主菜（赤） | 副菜・汁物（緑） |

○自分の朝食を見直して、上の□に、たりないものを書きこもう。

○今日の学習で、大切だと思ったことや気づいたことを家の人に教えよう。

佐倉うまい物自慢献立！

- 牛乳は毎日出ます。
- 地場産物の大和芋チップス
- 地場産物のきゅうりと大根を使用した野菜の梅和え
- 佐倉のにんじんとマヨネーズの鮭のもみじ焼き
- 2年生が育てたさつまいもみそ汁佐倉のにんじんとねぎも入っています。
- 5年生が稲刈りをしたお米

時配	学習活動と内容（支援●と評価◎）	資料
5	1．2枚のサーモグラフィーの写真を見て気づいたことを発表する。 ○朝食を食べた時と、食べていない時の体温の様子を知る。 2．本時のめあてをつかむ。 　午前中のエネルギーとなる朝食は、どのようなものを食べるとよいだろう	・2枚のサーモグラフィーの写真
5	3．今までの自分の朝食を、ワークシートで確認する。 ○昨夜の夕食から朝食までの時間、朝食から昼食までの時間を考える。 ○どんな食材を食べているか。 ○食べてさえいれば、よいのか。	・ワークシート
15	4．栄養教諭から、バランスよく食べることの大切さと、午前中の活動に必要なエネルギー量について元気くんのパワーアップシートを見ながら聞く（T2） ○午前中に必要なエネルギーとなる献立を食品カードを使って知る。 ○朝食を食べたことで、体にスイッチが入り、脳や体へのエネルギーの補給、学習や運動の集中力のアップになることを知る。 ○主食・主菜・副菜（汁物）の食材のバランス。 ○「一日3食」が必要であることを理解する。	・元気くんのパワーアップシート
10	5．よりよい朝食について考え、ワークシートに書く。 ○自分の朝食が、必要なエネルギー量にたりているのか。 ○自分の朝食にたりなかった食材を付けたし、バランスのよい朝食を、組み立てる。 ●今まで学習してきた総合的な学習の「思いやりメニュー」から考える。 ●「バランスのよい献立」に結びつけるようにする。 ◎朝食は、「主食・主菜・副菜（汁物）」と、バランスのとれたものがよいことがわかったか。	・ワークシート
10	6．まとめる ○今日の学習でわかったことを、お家の人に教えるためのメッセージを書く。 ●学校と家庭の連携を大切にするために、今日学習したことを知らせる。 ●この学習を、今日の給食にも生かせるように、意欲を持たせる。 ◎明日から、実践しようとする意欲を持つことができたか。	

▲指導案の一部

◀佐倉市では、11月16日を「佐倉市教育の日」とし、市内の小中学校で、地場産物を取り入れた「佐倉うまい物自慢献立」を実施しています。郷土や食文化への理解を深め、食教育の推進を図るために役立っています。

◆板書計画

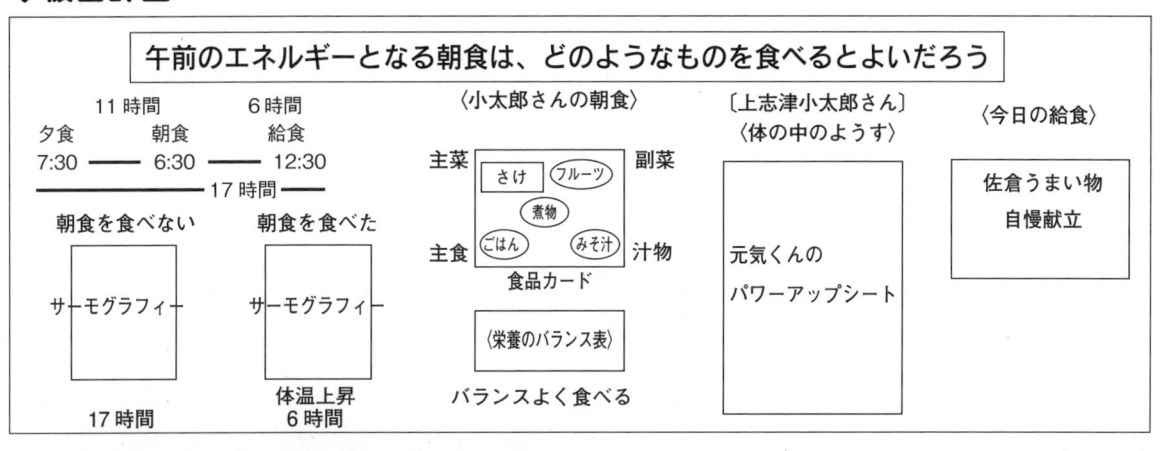

午前のエネルギーとなる朝食は、どのようなものを食べるとよいだろう

11時間　　　6時間
夕食　朝食　　給食
7:30 ─ 6:30 ─ 12:30
　　　17時間

朝食を食べない　朝食を食べた
サーモグラフィー　サーモグラフィー
17時間　　　体温上昇6時間

〈小太郎さんの朝食〉
主菜　[さけ][フルーツ]　副菜
　　　[煮物]
主食　[ごはん][みそ汁]　汁物
食品カード
〈栄養のバランス表〉
バランスよく食べる

〔上志津小太郎さん〕
〈体の中のようす〉
元気くんのパワーアップシート

〈今日の給食〉
佐倉うまい物自慢献立

指導をふりかえって　栄養教諭　市村百合子

「朝食登山」のワークシートで○合目まで登れるのか具体的に知ることで、朝食の大切さに気づく児童が多かったようです。「バランスのよい朝食をつくるので早く起きて食べてね」という感想もあり、保護者の意識にも変化が見られました。今後も家庭と連携していきたいと思っています。

小学校第6学年　家庭科

授業で考えた朝食が給食の献立に！！

千葉県　佐倉市立西志津小学校

使用した教材
・元気くんのパワーアップシート
・サーモグラフィー

指導のポイント

※指導案は59ページに掲載しています。

サーモグラフィーや元気くんのパワーアップシートなど視覚にうったえる資料とデータで朝食の大切さを理解させた後、班にわかれて栄養バランスに気をつけた朝食を考えさせました。子どもたちが考えた朝食の中から、各クラス1班ずつ選んで給食のメニューに採用しました。

◆朝食の必要性を教材を使って効果的に指導！

▲サーモグラフィーや元気くんのパワーアップシートを活用し、朝食にはどのような効果があるのかを理解させました。

◆子どもたちが考えた朝食を給食に登場させました

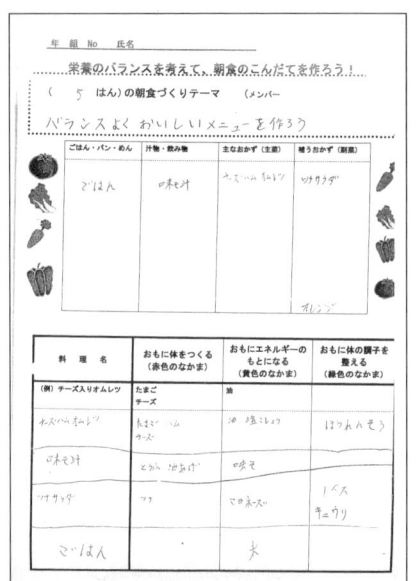

班で朝食の献立作成をする前に、本日の給食を3色食品群にわけ、栄養バランスがととのった献立の参考にさせました。そして、「主食・主菜・副菜・汁物」、「食品の組み合わせ」、「栄養のバランス」に気をつけて献立を作成するよう話しました。

◀子どもたちが考えた朝食献立に、野菜を少し増やして給食に取り入れました。

◆給食献立表や給食時間の放送で紹介をしました
●1月の給食献立予定表

献立表や毎週発行の一口メモ、また給食時間の放送で、6年生の家庭科の授業のようすや献立を考えた子どもたちからのメッセージを紹介しました。これによって、ほかの学年や保護者の間でも、朝ごはんに対して興味・関心が高まりました。

| 22 | 木 | ごはん | ○ | 6の1・5はんのちょうしょくこんだて
チーズハムオムレツ　だいこんのみそ汁
ツナサラダ　オレンジ |

6年生＜栄養のバランスを考えた朝食の献立＞
家庭科の授業で、バランスの良い食事作りは、主食・主菜・副菜・汁物の組み合わせをすることであると給食の献立から学習しました。家庭科の先生と相談して、各クラスから一班ずつ選びました。5年生の家庭科で調理実習をしたことも復習しながら、班のみんなと協力して考えました。1月から3月に紹介します。楽しみにしてください。

6年1組 5班
（○○さん・○○さん・○○さん・○○さん）
＜テーマ＞
バランスよくおいしいメニューをつくろう！
＜メッセージ＞
みんなが野菜を食べやすくするためにツナを入れ、オムレツにはほうれん草を入れバランスよく考えましたのでおいしく食べてください。おいしいよ！

6年2組 6班
（○○さん・○○さん・○○さん・○○さん）
＜テーマ＞
栄養のバランスを考え、おいしくて元気の出るニュー！
＜メッセージ＞
栄養がたくさんある野菜を選び、バランスも考えて作ったので、食材の味を楽しみながら、嫌いな野菜にもチャレンジしてください。

※原文ママ

●お昼の放送原稿

| 22
（木） | ごはん
牛乳
チーズハムオムレツ
だいこんのみそ汁
ツナサラダ
オレンジ | 6年生が家庭科の授業で「栄養のバランスを考えた朝食の献立」を考えました。今日は、1組の代表として5班の○○さん・○○さん・○○さん・○○さんたちの献立を紹介します。みんなにバランスよく、おいしく食べてもらえるような献立を考えました。みなさんへのメッセージは「野菜を食べやすくするためにツナを入れ、オムレツにもほうれんそうを入れバランスよく考えましたので、おいしく食べてください。おいしいよ！」でした。苦手な野菜も料理の工夫でおいしく食べられることを体験してくださいね。 |

指導をふりかえって　学校栄養職員　髙田久子

家庭科の授業で、一食分（朝食）の献立作成をすることによって朝食の大切さについて理解が深まり、家庭でも朝食をつくる児童が増えたようです。また献立づくりの際に、食物アレルギーの児童がいるグループでは、その児童を思いやった献立を考えていたのが印象的でした。

中学校第1学年　家庭科

手づくりレーダーチャートで朝食の栄養バランスをチェック

愛知県　小牧市立小牧中学校

使用した教材
・サーモグラフィー
・食品カードとシート

指導のポイント

※指導案は60～61ページに掲載しています。

食品カードと手づくりのレーダーチャートを使って、主食だけの朝食より、主食・主菜・副菜・汁物（飲み物）をそろえると栄養のバランスがとれることを表現しました。また、食生活学習教材（文部科学省）を活用してワークシートを作成しました。

◆主食・主菜・副菜・汁物（飲み物）別の栄養素が一目でわかるレーダーチャート

指導者の働きかけ・評価

主食だけの朝食に食品カードの主菜、副菜を加えながら各種栄養素が満たされていくことをレーダーチャートを使って知らせます。

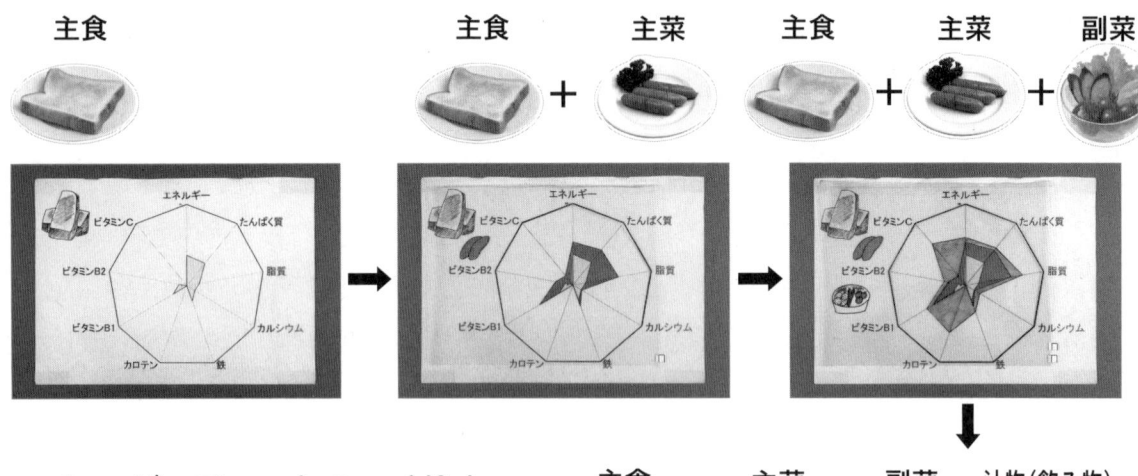

レーダーチャートのつくり方

① OHPシートを4枚用意し、それぞれに主食・主菜・副菜・汁物（飲み物）の栄養素のレーダーチャートを書き込みます。

② 主食は黄色、主菜は赤色、副菜は緑色、汁物（飲み物）は青色に塗り、重なる部分は色を塗らないでおきます。

③ レーダーチャートの枠を印刷した白い紙を用意し、主食・主菜・副菜・汁物（飲み物）の順に重ねて一か所止めます。使う時は主食以外のシートをめくり「もし○○を加えると…」といってシートを重ねていきます。

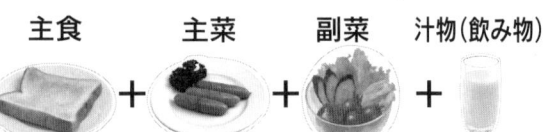

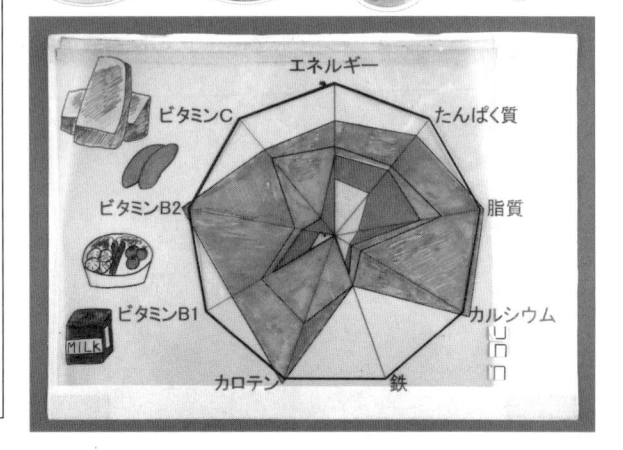

◆食生活学習教材（中学生）を活用してワークシートに！

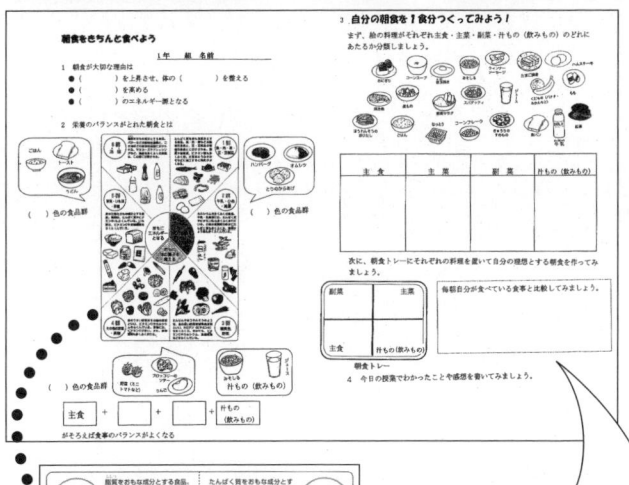

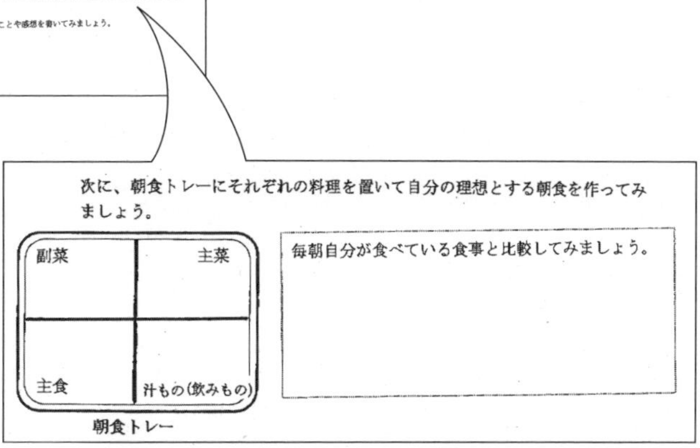

『食生活学習教材』（文部科学省）の6つの基礎食品群を活用して、主食・主菜・副菜・汁物（飲み物）と組み合わせ、栄養のバランスについて理解できるようにしました。また、料理のイラストを、主食・主菜・副菜・汁物（飲み物）に分類し、その中から理想の朝ごはんの献立を考えることができるようになっています。

▲主食・主菜・副菜・汁物（飲み物）を朝食トレーに記入させ理想の朝食と毎日食べている朝ごはんを比較させます。

◀『食生活学習教材（中学生用）』文部科学省より転載。

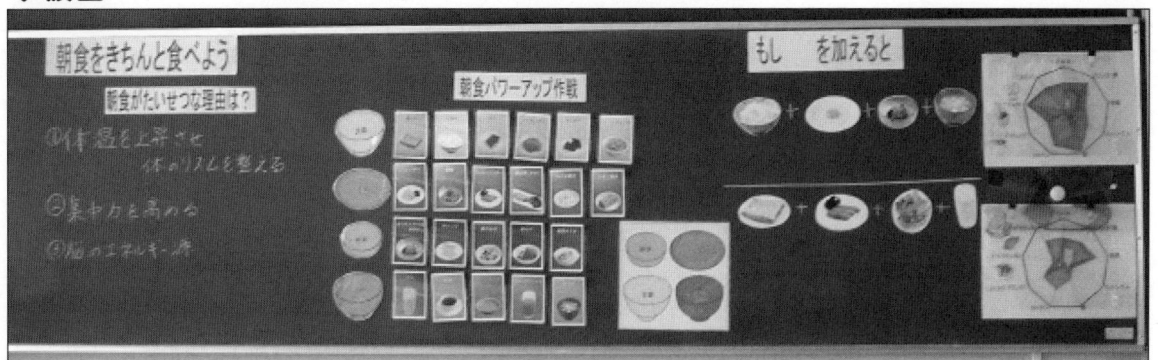

◆板書

指導をふりかえって　　栄養教諭　林紫

「レーダーチャート」を使ったことが、主食だけでは栄養素が随分不足することの理解を助けたようです。主菜・副菜のシートを重ねることで、それぞれにない栄養素を補い合い、最後に汁物（飲み物）のシートを重ね、全体の栄養バランスがよくなることを視覚にうったえたように思います。

中学校第2学年　学級活動

自分の朝食をワンステップずつレベルアップしよう

茨城県　下妻市立下妻中学校

使用した教材
・けんたくんのシートとペープサート
・サーモグラフィー
・食品カードとシート

指導のポイント

※指導案は62〜63ページに掲載しています。

事前に実施した食生活のアンケートから自分の朝食の課題に気づかせ、主食・主菜・副菜・汁物（飲み物）がそろった理想の献立に近づくために、無理なく少しずつ改善していくことを提案しています。

◆理想の献立を目指してワンステップずつレベルアップ

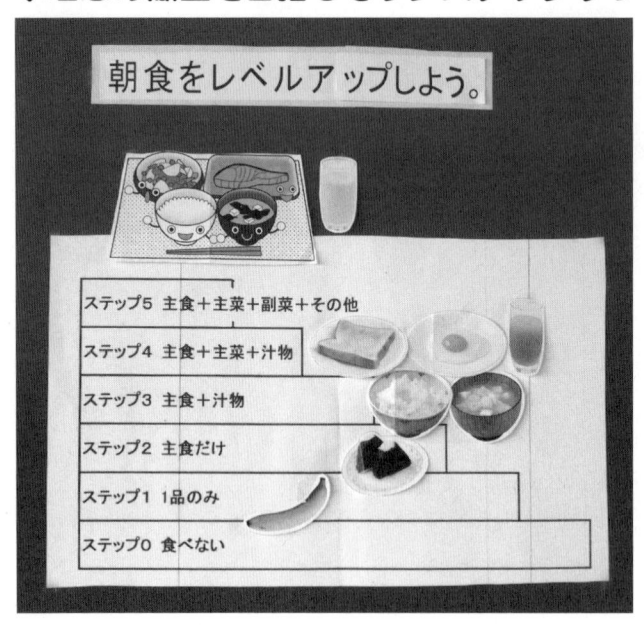

食生活アンケート
※調査対象2年生（1・2組）67名

主食のみ	7人	10.4%
1品のみ	4人	6.0%
主食＋汁物	9人	13.4%
主食＋飲み物	5人	7.5%
主食＋主菜	12人	17.9%
主食＋主菜＋副菜, 汁物	20人	29.9%
主食＋主菜＋副菜＋汁物	5人	7.5%
その他	4人	6.0%
食べない	1人	1.5%

手づくりの階段式ステップアップ表は、実態に合わせて作成します。生徒に自分は今どのステップにいるのか認識させ、1つ上のステップに上がることで無理なく改善していけることを食品カードを使って話します。

ワークシート

◇ 朝食をレベルアップしてみましょう。
　今日の朝食をワンステップアップするためには？

　自分にとって理想的な朝食献立とは？

ワンステップアップと理想の朝食献立の記入欄を作成することによって生徒自らが理想の献立に近づくための具体的な方法を考えることができます。

指導をふりかえって
栄養教諭　山崎富江

授業から数日たった日の朝「今朝は、しっかり食べてきました！」と元気な声をかけてくれる生徒がいました。これからは、「自分にとっての理想の献立を実際に家庭でつくってみる」ことを計画に入れて、さらに望ましい朝食を目指せるようにしたいと考えます。

中学校第3学年　学級活動

生活リズム改善のために
3年生の全クラスで朝食指導

宮崎県　宮崎市立東大宮中学校

使用した教材
・サーモグラフィー
・食品カードとシート

指導のポイント

※指導案は64ページに掲載しています。

　朝食が体に与える効果を理解させるために、ビデオを見せたりサーモグラフィーを使ったりして科学的根拠にもとづく指導を行いました。また、1学期のうちに生活習慣を改善するために食生活アンケートを行い、それぞれのクラスで見直しました。

◆科学的根拠のあるデータを示し、望ましい朝食について話しました

▲朝食の効果を話した後、食品カードを使って、栄養バランスのとれた朝食例を提示しました。

授業後の生徒の声より
・朝食を大切にしないと大変なんだ！
・朝食をぬくダイエットはダメなんだ！

◆3年生対象に食生活アンケートを実施しました

食生活アンケート内容
①夕食後、菓子やパン、ラーメンを食べますか？
②寝る時刻は何時ですか？
③朝、起きる時刻は何時ですか？
④睡眠時間はどのくらいですか？
⑤朝食は毎日食べますか？
⑥朝起きてから家を出るまでの時間は？
⑦朝食はどんな内容ですか？

朝食はどんな内容ですか？

	主食のみ	主食と汁物	主食とおかず	汁物だけ	おかずだけ
1組	19%	26%	55%	0%	0%
2組	29%	29%	39%	3%	0%
3組	35%	22%	38%	0%	5%
4組	11%	20%	63%	3%	3%
5組	17%	28%	52%	0%	3%

▲食生活アンケートの結果から、クラス対抗の意識が芽生え、生活習慣を改善しようという意識が生まれたようです。

指導をふりかえって　学校栄養職員　川越孝子

　この授業を実施したことで生徒や学級担任とより身近に接するようになりました。中学生には科学的な資料の活用や理科・家庭科で学んだことのふりかえりが大切です。この指導で朝食の重要性について理解が深まり、中学校最後の1年間を有意義にすごす大切さを自覚できたようです。

朝ごはん指導実践事例集　31

生徒会活動
委員会活動

朝のショートホームルームで
生活委員（生徒）が朝ごはん指導を実施

埼玉県　ときがわ町立玉川中学校

当校では、年に1回、朝の会や帰りの会のショートホームルームの中の15分間を使って、各クラスの生活委員が保健指導を行っています。

▲各クラスの生活委員2名で朝ごはん指導をすすめているようす。

▲生徒の代表が今日の朝ごはんを主食・主菜・副菜・汁物（飲み物）にわけています。

◆養護教諭が原稿を作成し、生活委員がクラスごとに内容をアレンジします

1学期の行ったアンケートの結果では、1年生のほとんどの人が朝ごはんを食べているということです。
今日は、朝ごはんの大切さと、栄養バランスについて、話します。
この生活リズムロープを見てください。
ここが【夕食の時間】です。7時くらいの人が多いのでしょうか。
そのあと、寝て、朝起きます。そして【朝食の時間】です。6時半から7時くらいの人が多いでしょうか。ここが【給食】です。人によって違うと思いますが、このロープをみると食事は、夕食と朝食の間は約12時間、朝食と昼食の間は約6時間あいていることがわかると思います。
さて、朝食を食べる前と、食べた後、体はどのように変わるでしょう。
これは、特殊なカメラで体の表面温度を写したものです。赤っぽい方が表面温度が高いものです。朝食を食べる前と食べた後では、ずいぶん体温が上がっているのがわかりますね。寝ている間に、脳のエネルギーを使いきってしまい、体温も上昇しません。したがって、脳や体が元気に活動できないのです。朝食の役割は、単に、空腹を満たすだけでなく、こんな大切な役割があるのです。
さて、次に食事の栄養バランスについての話です。
Aさんの食事とBさんの食事を見てください。これが、二人の朝ごはんです。
朝・昼・夜の食事の基本は【主食】【主菜】【副菜】【汁物（飲み物）】です。知っていましたか。
【主食】は、ごはん・パン・めん類などの炭水化物の多いもので主にエネルギー源になります。
【主菜】は、肉・魚・大豆製品などたんぱく質の多いもので、主に体を作るもとになります。
【副菜】は、野菜類、イモ類、果実類、海草などで、体の調子を整えるものです。
【汁物（飲み物）】は、足りない栄養を補うほか、水分補給の役割があります。
さて、AさんとBさんの食事をこの4つに分類してみてください。
「　　さん（　　くん）お願いします。」
そうですね。
Aさんは、バランスのよい食事で、Bさんは、かたよっていることがわかります。
ここで、みんなも一人ひとり、昨夜の夜ご飯、または、今日の朝ごはんのどちらでもいいので、この主食・主菜・副菜・飲み物に頭の中で当てはめてみましょう。
（10秒時間をおく）
「　　くん、　　さん、前に出て、献立を貼ってください。　コメント！」
家の人が、用意してくれる献立は、ほとんどがバランスよくおいしいと思いますが、皆さん自身も、自分の食べるものは、この4つがそろったバランスがよい食事かどうか考え、足りないものは自分で補うなどの習慣をつけてください。

生活リズムロープの説明

> この生活リズムロープを見てください。
> ここが【夕食の時間】です。7時くらいの人が多いのでしょうか。
> そのあと、寝て、朝起きます。そして【朝食の時間】です。6時半から7時くらいの人が多いでしょうか。ここが【給食】です。人によって違うと思いますが、このロープをみると、食事は夕食と朝食の間は約12時間、朝食と昼食の間は約6時間あいていることがわかると思います。

※原文ママ。

「食」の自立の呼びかけ

> 家の人が、用意してくれる献立は、ほとんどがバランスよくおいしいと思いますが、皆さん自身も、自分の食べるものは、この4つがそろったバランスがよい食事かどうか考え、足りないものは自分で補うなどの習慣をつけてください。

※原文ママ。

◆生活委員による朝ごはん指導が行われるまでの経緯

①教材購入
生活委員会活動として生徒と一緒に手軽に取り組めるものを探していたところ、朝ごはんの教材を発見！ 委員会費で購入をしました。

②教材作成
教材は、切ったりはったりすればいいだけだから簡単につくることができます。生活委員の生徒と一緒に楽しみながら教材の作成を行いました。

③原稿作成
朝ごはん教材の高学年の指導例を参考に、事前に実施した生活リズムのアンケート結果を組み込み、実態に合わせた原稿を作成しました。

④指導の練習
放課後に生活委員が2回集まり、練習を行いました。普段はやんちゃな生徒も練習に真面目に取り組み、ほかの先生からもアドバイスをいただきました。

⑤朝ごはん指導
しっかり練習をしたので時間内にスムーズにすすめることができました。生徒が生徒に指導することで、朝ごはんについて身近な問題として感じたようです。

生活委員の生徒の感想
・準備の時から切ったりはったりして楽しかった。
・自分自身が勉強になったので、栄養のバランスについて気をつけていきたい。

指導を受けた生徒の感想
・わかりやすい内容だった。
・自分の朝食を当てはめて、すぐに何がよくないかわかった。

◆食育教材にひと工夫して掲示物に！

★元気くんを立体的に！

▼おなかをめくると胃や腸が活発に動いているようすがわかります。

髪の毛やおなかをめくる仕掛けがあり、朝ごはんの効果についての説明もあるので、生徒は自由に動かしながら学ぶことができます。

★主食・主菜・副菜・汁物（飲み物）シートを保健目標に！

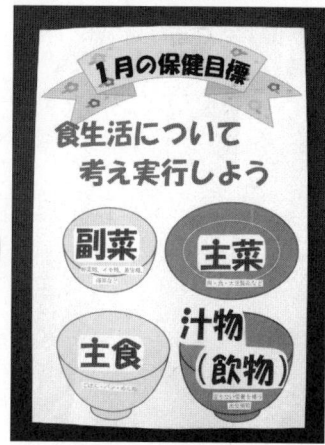

月の保健目標に活用してクラスに掲示しています。

指導をふりかえって　　養護教諭　石井浩美

保健指導は、何よりも生活に密着していて、わかりやすい内容が一番！ 今回、委員会の生徒たちと一緒に保健指導をすすめるにあたり、あらためて中学生の観点や発想を生かすことの大切さを感じました。また保健指導を行った生徒たちの凛々しい一面を発見できたこともうれしく思います。

| 学校行事 保健指導 | 発育測定後の朝ごはん指導 |

愛知県　豊橋市立天伯小学校

　健康の日（発育測定の日）に、測定終了後の時間を使って保健指導を行いました。学年に合わせて、高学年では元気くんのパワーアップシートやサーモグラフィーを使い、効果的に朝ごはんの大切さを指導することができました。

◆発育測定後に保健室内で養護教諭による保健指導

●高学年対象／朝ごはん指導（約15分）※1月実施

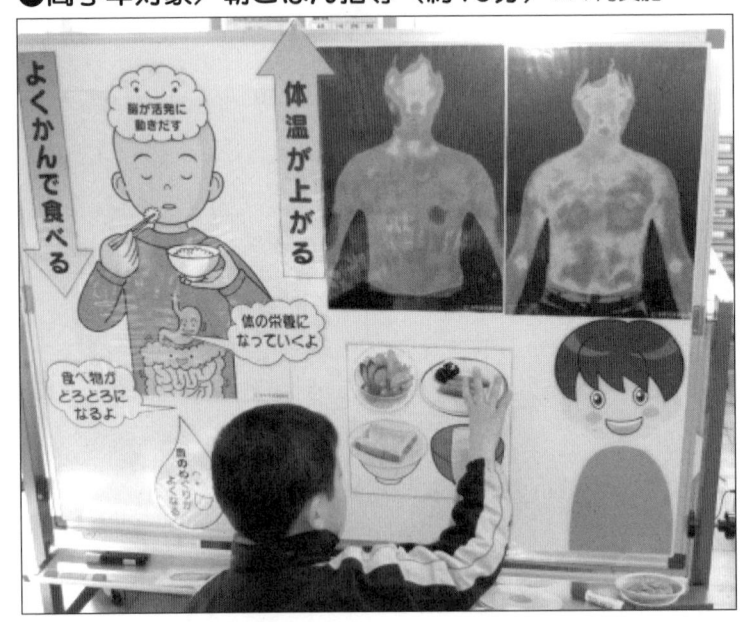

　「今日の朝ごはんは何を食べてきましたか？」という養護教諭の問いかけに対し、子どもたちはホワイトボード上の「主食・主菜・副菜・汁物シート」に「食品カード」をはっていきます。「赤の食品が足りない」「緑がない」など不足している食品が一目でわかります。
　また、元気くんのパワーアップシートを示し「朝ごはんを食べるとこんなに元気な子になれますよ」と声かけをしました。「朝ごはんは体温を上げるためにとても大切なんだね」とつぶやく子もいて、わかりやすい教材に子どもたちも納得していたようです。

●低学年、中学年対象／食事と排便の指導（約15分）※9月実施

今日はどんなうんちが出ましたか？

▲小腸の長さ（5〜6メートル）を見て、「こんなに長いところを通らないと食べ物はうんちになって出てこないんだね」とびっくりする子どもたち。牛乳を飲んだり、野菜や果物、ヨーグルトなどを食べたりすると、うんちが出やすくなることを学びました。

▲フェルト製のバナナうんちなどを見せる養護教諭。

◆ほけんだよりで指導のようすを家庭へ知らせています

けんこう

天伯小学校ほけんだより
平成19年度 No.16
1月号-2

1月の発育測定結果

1月の発育測定の結果をお知らせします。身長、体重の平均値を学年男女別に計算しましたので、男子と女子の発育の様子のちがいもわかると思います。

	男子				女子			
	身長(cm)	4月からののび	体重(kg)	4月からのふえ	身長(cm)	4月からののび	体重(kg)	4月からのふえ
1年	120.7	4.4	24.0	2.2	119.5	4.6	23.1	2.2
2年	124.9	4.4	25.5	2.4	125.4	4.3	26.6	2.7
3年	130.9	4.0	29.2	2.8	132.5	4.6	31.3	3.1
4年	136.2	3.5	33.2	2.6	137.4	4.9	32.4	3.1
5年	143.9	4.3	38.6	4.2	144.2	4.9	39.6	4.2
6年	148.8	5.4	42.5	4.3	149.3	4.1	40.7	4.4

測定結果は、「わたしのからだ」に記入し、家庭に持ち帰らせましたので、確認してみてください。発育のしかたは、一人一人ちがいますが、みんな4月よりも大きくなっています。

健康の日に行った保健指導（組み合わせを考えて、よくかんで食べよう。）

健康の日（発育測定の日）に行った保健指導で学習したことをまとめてみました。

朝食で食べた物は

何を食べたら体温が上がるだろうか？

朝食で食べた物を赤、黄、緑、汁物に分けてホワイトボードにはりました。何が足りないのかをみんなで考えました。野菜、果物、肉、魚、卵などが足りない朝食では、体温が上がらず、元気に過ごせないことに気づきました。赤、黄、緑の食品を組み合わせて、よくかんで食べると、脳が活発に動きだし、体温が上がるのです。

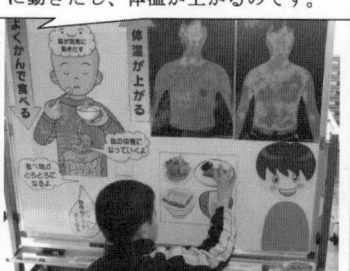

野菜、果物を毎日きちんと食べよう！

指導をふりかえって　養護教諭　河合順子

こうした指導により、食品を組み合わせてよくかんで食べることで体温を上げたり、排便を促したりすることを再確認できました。また、朝ごはんをよくかんで食べるためには、早く寝て、朝、余裕をもって支度ができる時間に起きることの大切さに気づく子が増えました。

給食時間

栄養教諭と学級担任が連携！
食育の日の給食時間の一斉指導

鹿児島県　出水市立米ノ津東小学校

　毎月19日の「食育の日」に校内放送を利用して、全クラスで一斉に食育の指導を行っています。朝ごはんの教材を利用して、栄養教諭が放送原稿を読み上げることによって、短時間で子どもたちにもわかりやすく、学級の担任がクラスごとに指導することができます。

◆校内放送を使った全クラス一斉指導

▲食育パネル（元気くんのパワーアップシート）を使った、担任による給食時間の指導のようす。朝食の大切さを短時間で子どもたちに伝えることができます。

▲放送原稿を読み上げる栄養教諭。全クラスに伝わりやすいように、原稿内容もポイントを考えてつくります。

●きっかけは「食育の日」

　平成17年に食育基本法が制定施行され平成18年に食育推進基本計画が決定されましたが、この中で毎月19日が「食育の日」と定められました。そこで、食育の日に何か子どもたちに向けた食育指導を行いたいと思い、給食時間を使った食育の一斉指導をはじめました。

給食時間の一斉指導を通して

　毎月1回の食育の日は、子どもたちの食の意識を高めるためにとてもよい機会となっています。朝食指導をした際に「朝食をぬくと体温が上がらない」の説明に、驚く子もいました。ただ単に朝食をぬくとおなかがすくということだけでなく、食の持つ大切な役割についても勉強できています。

学級担任　福留忠洋

●当日までの流れ

| 毎月5日ごろ
食育推進委員会 | → | ・各クラス分のボードを作成（図1、2参照）
・放送原稿を作成 | 毎月15日ごろ
職員朝会 | → | ・学級担任に説明
・放送原稿を配布 | 毎月19日
（食育の日）
給食時間 | ・栄養教諭が放送室で原稿を読み、全校放送する
・各クラスでは、学級担任がボードを使って子どもたちに指導を行う |

◆放送原稿の内容

しっかり食べてね 朝ごはん！

今日19日は食育の日です。みなさん、今日も給食はおいしいですか？

さて、みなさんは今日ちゃんと朝ごはんを食べてきましたか？ 今朝は寝坊して朝ごはん食べないで家を出てきて、給食まで待ちきれないくらいだったという人はいませんか？ 朝ごはんが大切だということはわかっているけど、いつも朝は食欲がなくてあんまり朝ごはんを食べたくないや…という人もいませんか？

そうですね。最近「早寝・早起き・朝ごはん」といった呼びかけなどで朝ごはんの大切さを伝えています。ですから、みなさんは朝ごはんが大切なことはもう知っていることと思います。それでも、毎日のことですから、たまに寝坊して朝ごはんを食べなかったりするかもしれません。そこで、今日はあらためて自分の朝ごはんの様子をふりかえってほしいと思います。

では、朝ごはんはなぜ大切なのでしょうか？（…元気君シートを見せます）

さあ、みなさんここに元気くんという男の子がいます。朝起きて元気くんが朝ごはんを食べはじめました。でもなんだかまだ眠そうですね。よくかんで食べていると、だんだん体が温かくなってきました。朝ごはんを食べて眠っていた脳が動き出しました。そして、血のめぐりもよくなって体が目覚めてきました。朝ごはんを食べることによって、体にいろいろな働きがありましたね。元気くんもすっきり目が覚めたようです。朝何も食べないでいると脳は半分眠ったままなので、体がだるかったり、いらいらしたり、勉強に集中できなかったりします。みなさんも覚えがありませんか？

（中略）

最後に朝ごはんは食べているけど、実はごはんとふりかけだけとか、パンと飲み物だけとかいった内容ではちょっと困りますね。食べ物に含まれている栄養素はそれぞれ違うので、体に必要なものをバランスよくとることが大切です。

（…主食・主菜・副菜・汁物シートを使った和食と洋食の朝食例を見せます）主食のごはんやパンに、卵や肉、魚や豆などを使った主菜、野菜を使った副菜に汁物をつけた朝ごはんがベストです。心がけてみてくださいね。

それでは明日からも朝ごはんをしっかりとって元気にすごしましょう！

図1 ボードの表　　図2 ボードの裏

指導をふりかえって　栄養教諭　榊順子

毎月1回の「食育の日」の一斉指導も3年目に入り、学校における食育の一場面として確実に定着してきています。栄養教諭の指導原稿による一斉指導の後、担任は学級の実態をふまえて発達段階に応じた補足説明を加えます。指導後の食育パネルは各教室の掲示資料として活用されています。

給食時間

生活リズムチェック週間にペープサート劇を放送！

岐阜県　岐阜市立且格小学校

　当校では毎年9月に、児童自らの生活習慣を見直すことを目的とした「生活リズムチェック週間」を行っています。具体的な内容は生活習慣に関する映像の放送や生活習慣のチェック表の記入です。朝ごはんに関しては「けんたくんのペープサート劇」を放送し児童の関心を集めました。

◆けんたくんのペープサートを給食時間にビデオ放送！

　子どもたちの意識を高めるために、生活習慣に関する映像を作成し、給食時間に放送しました。「朝ごはん」をテーマにした日には、「けんたくんのペープサート」を事前にビデオ収録して放送しました。登場人物に合わせて学校栄養職員ほか、教職員が声色を変えながら台詞をいうことによって、より子どもたちの興味を引きつけました。

◀ビデオ放送の一場面。

朝ごはんセットくんの登場では男性教諭が大きな声で登場。※太字の部分は特に強調して台詞をいいました。

ぼくたち　と―――っても**おいしい**　あさごはんだよ―

いいにおいがしてきたでしょう！

ひとくちたべると　**げんき　10倍！**

ぜーんぶ　たべると　**げんき 100倍！！！**

◆生活リズム週間に行ったこと

●1週間生活習慣をチェック！

　全校児童にチェック表を配布し、朝ごはん、睡眠、排便についてチェックさせます。低学年は保護者と一緒にチェックし、睡眠については起床時間、就寝時間、すっきりと目覚めたかなどの質問項目を設定しました。

●生活習慣に関するビデオを作成し放送

　朝ごはんの場合、「けんたくんのペープサート」がわかりやすかったため、教職員で配役を決めてペープサートを行い、ビデオで収録しました。全校に一斉にビジュアルでうったえかけることができたため、効果的でした。

指導をふりかえって　学校栄養職員　太田恵理佳

　劇のシナリオは低学年にもわかる内容だったので、児童の反応はとてもよかったです。ペープサートの絵や色使いも小学生に合っていました。特に体の色が変化するところは、自分の体の色もかわっていくかのように感じ、「朝ごはんを食べよう」という意欲につながったと思います。

その他の活動
夏休み親子合宿

親子で収穫した野菜で朝ごはんづくりに挑戦！

島根県　松江市立八雲小学校

滞在型の体験農園（アグリパーク）を利用し、親子で取り組む「早寝・早起き・朝ごはん、アグリ探検隊」。合宿を通して朝ごはんの大切さを親子で学び、農園で収穫した野菜で朝ごはんづくりに挑戦しました。まさに生きた教育としての朝ごはん指導を実践することができました。

◆１泊２日の合宿で食育を実体験

日程表

	時間	内容
一日目	13：15	八雲小学校集合
	13：30～	受付
	13：50	開会式 館長　Kさんより講演 メンバー紹介
	14：20～	アグリパーク農園見学・収穫　①
	16：00	栄養教諭より講演 朝食献立作成
	17：30	グリーンハウスに移動（各自）
	18：00	夕食づくり 　収穫した野菜を楽しむ　②
	19：30～	片づけ
	20：00	自由時間・献立記入 （翌日の米とぎ・野菜洗い等）
	21：00	自由時間
	22：00	就寝
二日目	6：00	起床・身のまわりの整理整頓
	6：30	ラジオ体操
	7：00	朝食づくり　③
	8：00	会食 片づけ
	9：00	反省会
	10：00	農業体験（希望者のみ）
	12：00	終了（解散）

① 初日は農園の野菜を収穫。１日目の夕食と２日目の朝食の材料になります。

② とりたてのトマト、なす、きゅうり、ピーマン。新鮮野菜は色も香りも違います。

③ みんなで力を合わせて朝食づくりに挑戦しました。

◆朝食の大切さを学び、朝食の献立をつくりました

栄養教諭による教材を使った朝食指導。　　　　　　　　６年生の参加者が中心となって朝食の献立をつくりました。

1．題材名　　「朝から元気な八雲っ子、アグリの朝ごはんをつくろう！」
2．題材設定の理由
　○**教材観**
　　　朝食は１日の活動源であり、朝食を食べることは、生き生きとした毎日をすごすことができる上に、健康を維持増進し、生活習慣病の予防にもつながる。
　　　本校では、学校における食育を推進するにあたり、「朝から元気な八雲っ子」を目指すことを教職員・保護者・児童各々において共通の課題として取り組んでいる。知識を実行する力にかえ、生きる力として身につくよう、具体的な実践の場が必要である。
　○**児童観**
　　　食習慣アンケート結果から、「朝食は食べているが、内容が十分とはいえない」児童も多く見受けられる。食への関心は低くないが、積極的に食事づくりに参加する児童は少ない。学校では、朝から元気なスタートが切れるよう、朝の「あいさつ運動」も行われており、「早寝・早起き・朝ごはん」で健康的な１日をすごすことへの意識は高まりつつある。
　○**指導観**
　　　地域の教育ファーム「アグリパーク」で受け入れていただき、親子で取り組む「早寝・早起き・朝ごはん、アグリ探検隊」を企画した。ここで、農園の多くの夏野菜に触れ、収穫体験をする。そして、その野菜で工夫して調理の計画を立て、調理をする。家庭科で朝食づくりを学習している６年生が、下級生に働きかけ、リーダーシップをとって活動する。異学年交流の合宿活動の中から、自分の役割や助け合い、協力する心をも学ぶことができるよう支援したい。保護者のＰＴＡ活動との連携により、親子で取り組む活動になるようにする。
3．題材のねらい
　　　＜本時＞「朝食の大切さ」を知り、旬の夏野菜を使って、おいしい、健康的な「アグ
　　　　　　　リの朝ごはん」をみんなで協力してつくることができる。（食事の重要性）
　　　　　　（社会性）（感謝の心）
　　　＜全体＞「早寝・早起き・朝ごはん」の生活時間を体験し、実生活をふりかえり、
　　　　　　　これからの生活に生かそうとする。（心身の健康）
4．本時のねらい
　　　「朝食の大切さ」を知り、旬の夏野菜を使って、おいしい、健康的な「アグリの朝ごはん」をみんなで協力してつくることができる。

●指導の過程（60分）

	児童の活動	指導上の留意点・支援	資料等
導入 10分	○朝食を毎日食べているか話し合う。（保護者も一緒に）	・朝食を毎日食べているかたずねる。	班
展開 40分	○朝食を食べるとどんないいことがあるか考えて発表する。 ・朝食を食べると体はどんな変化が起きるか考える。	・発表を受けて板書する。 ・ボードに元気くんのパワーアップシートをはる。 ・元気くんのパワーアップシートの近くにごはんやみそ汁のシートをはりながら問いかけ、説明する。 ・温かいみそ汁を飲むと‥ ・体が温かくなる。（体温） ・血流をよくする。 ・頬が赤くなる。 ○おなかの中は‥ 　洋服シートを取る。 　↓ 　胃や腸が動く。 　消化・吸収・排便 ○脳にエネルギー‥ 　脳が活発になり、覚める。 　↓ 　体に元気がみなぎる。	元気くんのパワーアップシート 髪の毛シート 顔シート 洋服シート 食事シート 文字シート
	○朝食の役割に気づき、どんな朝食にすればよいか班で相談して、朝食献立を立てる。	・アグリの野菜を使って、ごはん、卵料理、野菜の料理、汁物を基本に献立を考えることができるよう支援する。	献立作成用紙 ワークシート
まとめ 10分	○朝食づくりの役割分担をする。	・食事づくりの作業手順について各班にアドバイスする。 ・朝食づくりへの意欲を高める。	

ワークシート

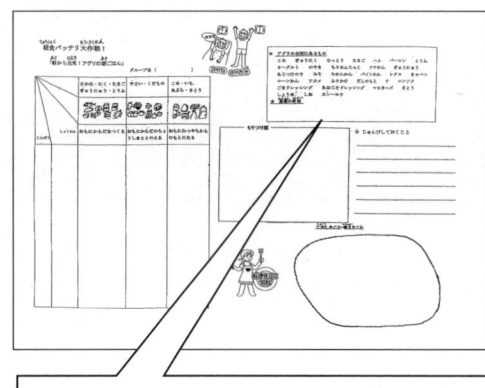

★ アグリの台所にあるもの
　こめ　ぎゅうにく　なっとう　たまご　ハム
　ベーコン　とうふ　ヨーグルト　のやき
　ちりめんじゃこ　ツナかん　ぎゅうにゅう
　あじつけのり　みそ　みかんかん
　パインかん　レタス　きゃべつ　コーンかん
　ワカメ　ふりかけ　だしのものと　す
　コンソメ　ごまドレッシング
　あおじそドレッシング　マヨネーズ
　さとう　しょうゆ　しお　カレールウ
★ 農園の野菜

▲「アグリの台所にあるもの」と「農園の野菜」を考えながら、栄養バランスのよい朝食の献立を記入していきます。

地域コーディネーターとしての食育

　八雲町では、食育推進事業に取り組む中で「朝から元気な八雲っ子」を目指してきました。「食生活実態調査」をふまえての「食に関する指導」等で児童は知識を身につけることができました。
　その知識をもとに実践する力、習慣化する力を身につけるために、ＰＴＡに働きかけ、「早寝早起き朝ごはん」宿泊研修を計画しました。農作業体験学習や野菜の収穫体験、調理実習などの支援をいただいている滞在型体験農園「アグリパーク」を研修会場として、協力体制を組むことができました。

経過

①計画立案 — 栄養教諭 — 小学校ＰＴＡ生活部／アグリパーク

②現地確認と打ち合わせ — 栄養教諭
・アグリパーク研修棟
・宿泊棟確認
・農園へ協力依頼

③参加者募集 — 小学校ＰＴＡ生活部／栄養教諭
・ＰＴＡによる参加者募集
・参加希望者への要項配布

④教材・資財準備 — 栄養教諭
・調理用品
・献立作成用紙

指導をふりかえって　栄養教諭　長島美保子

　児童たちは農園の夏野菜を観察したり収穫して味わったりと食材に愛着を持つことができました。その食材での献立作成は、すでに家庭科で学習している６年生にリーダーシップをとってもらう形ですすめました。実践的な体験活動を通して興味や関心を持ち、意識を高めることができました。

その他の活動
給食試食会

保護者に伝えたい朝ごはんの大切さ

東京都　足立区立第四中学校

　給食の試食会の後に、楽しくて印象に残る手づくりの教材を中心に保護者に向けて食育指導を行っています。毎回、約50人もの保護者が参加しています。

給食試食会の流れ

①給食の試食を行う

②保護者参加型の人形劇で生活リズムをふりかえる
　手づくりの人形を使って、保護者にお母さん役や生徒役をしてもらいます。学校栄養職員が起床時間や朝ごはんについて質問し、保護者がアドリブで答えることによって、家庭のようすが垣間見えます。

③サーモグラフィーを掲示して朝ごはんの大切さを伝える
　「朝ごはんを食べてきた子と食べていない子では体温がこんなに違うんですよ」とサーモグラフィーを見せ、朝ごはんの効果を話します。

④エプロンシアターで3色食品群や食べ物の旅の話をする
　エプロンシアターで朝ごはんの内容について話し、栄養バランスのよい朝ごはんのためには、何を食べたらいいのかを説明します。

⑤排便の話をする
　手づくりの排便教材「うんこ棒」を使って食べたものによって便が変化することを話します。

◀人形劇で使う手づくり人形。お母さん役の人からは「朝は忙しいから野菜の料理がつくれない」などの本音も出てきます。

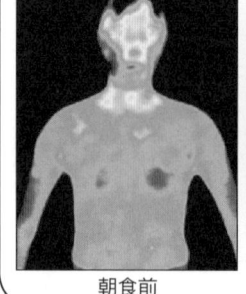

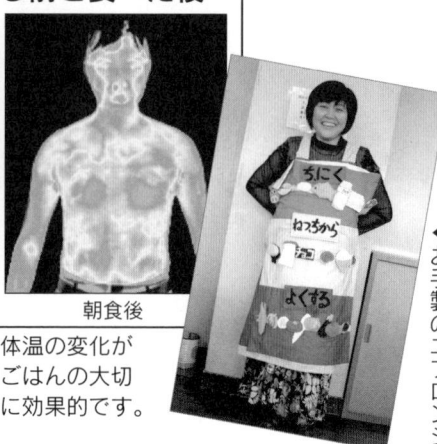

朝ごはんを食べる前と食べた後
朝食前　　　朝食後

▲サーモグラフィーは、体温の変化が一目でわかるので、朝ごはんの大切さを理解してもらう時に効果的です。

▶お手製のエプロンシアター

◀ビニールひもでつくった食物繊維をつけた棒で、腸に見立てた筒を押すと中からうんこが出てくる仕組み。「ころころうんこ」用と「バナナうんこ」用があります。

指導をふりかえって
学校栄養職員　小林清子

　「エプロンシアター」や「サーモグラフィー」による指導は短時間で食生活や家庭生活をふりかえり、どう生活するのがいいのかをわかりやすく理解してもらうのに有効です。「うんこ棒」は一度見たら忘れられないインパクトのあるもので健康のバロメーターとしての排便を理解するのに最適です。

その他の活動 保護者会

幼児の保護者向けの朝食指導

福岡県　福岡県立福岡聾学校

　幼稚部の保護者を対象に保護者学習会を行いました。3～5歳用の食事バランスガイドを活用し、食事の内容について説明した後、元気くんのパワーアップシートやサーモグラフィーなどを使って朝食の役割を話しました。その後、「簡単朝食メニュー」の料理講習と試食を行いました。

保護者学習会の流れ

①食事バランスガイドの説明

　食事バランスガイドのポスターを用意し、主食、主菜、副菜、汁物の献立を食事バランスガイドに当てはめます。そしてバランスがよいことを確認し、1日に食べておきたい食事の目安であることを話します。

②生活リズムや朝食の効果について

　「朝ごはん」教材を活用して、子どもたちが学校で元気にすごすためには、朝食を食べることが大切であることを話します。

③「簡単朝食メニュー」の料理講習

　福岡市早良区保健福祉センターから配布された「早良区元気モリモリさわらっこレシピ集」を見ながら、おにぎりをつくり、肉だんごとキャベツのスープ煮を試食してもらいました。

▲3～5歳用の食事バランスガイド

▲「早良区 元気モリモリさわらっこレシピ集」作成／早良区元気モリモリさわらっこワーキンググループ
発行／福岡市早良区保健福祉センター　健康課

使用した教材

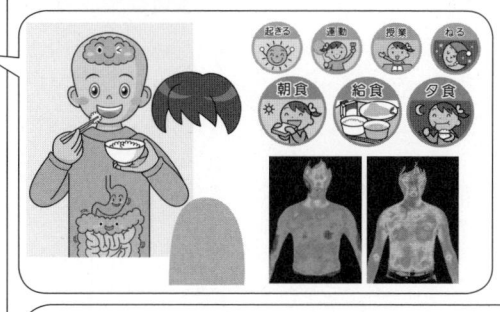

　朝食は、生活リズムをつくる上で大切です。ごはんをしっかりよくかんで食べることにより、脳が活発に動き出し、排便を促します。朝食は、子どもたちの元気のもと、力のもと、やる気のもとになります。さて、朝の忙しい時間に簡単にできて幼児でも食べやすい料理を紹介したいと思います。
　　　　　　　　　～栄養教諭より保護者に向けて～

指導をふりかえって

栄養教諭　梅田晴子

　視覚的教材を使って保護者に説明することで、朝食の大切さをより理解していただけたと思います。また、料理講習により、家庭での実践力へつながりました。文字カードにふりがなをつけるなど工夫をして、小学部や中学部の学級活動でも活用しています。

全国各地の 朝ごはん指導ダイジェスト

本書の制作にあたり、全国各地から数多くの実践事例や感想が寄せられました。その中から一部をご紹介いたします。

秋田県／中学校1年生対象
朝ごはんの指導と道徳を関連させました。サーモグラフィーや食生活学習教材などを活用し、朝ごはんは、心と体の活動に欠かせないことを理解させて自己管理能力を身につけさせました。

新潟県／小学校1年生対象
全6クラス約180人とその保護者を対象に参観日に実物投影機を使ってけんたくんのカラフル変身シートとペープサートを活用しました。拡大させることにより、動きがダイナミックになり、児童の反応もよかったです。

広島県／中学校特別支援学級対象
特別支援学級で「食べ物の流れ」の指導時に、元気くんのパワーアップシートを活用しました。内臓の名前を覚えるのにも活用できました。

埼玉県／中学校3年生対象
教育実習生に、中学校3年生の学級活動の指導で活用してもらいました。サーモグラフィーや食品カード、生活リズムロープなどを使用しました。

滋賀県／小学校6年生対象
生活リズムロープを活用し、朝ごはんをおいしく食べることができた前日の生活行動は、食事、運動、休養、睡眠などがととのっていることに気づかせました。

埼玉県／中学校1年生対象
林間学校の事前指導の中の約15分間を使って朝ごはんの大切さについて指導を行いました。サーモグラフィーや元気くんのパワーアップシートは、短い時間でも生徒の印象に残ったようです。

福岡県／小学校3年生対象
学級活動で元気くんのパワーアップシートやサーモグラフィーを活用しました。そして、自分ががんばることを決めさせるとともに、朝食を準備してくれる家族に感謝の気持ちや朝食に対する願いの手紙を書かせました。

第2章 指導案

『食育にすぐ活用できる教材シリーズ 朝ごはん』から生まれた指導案の数々

小学校第1学年　学級活動指導案

香川県　土庄町立土庄小学校

指導者　学級担任　髙橋知恵　（T1）
　　　　栄養教諭　山本菜穂子（T2）

1. 題材名　　あさごはんのひみつ
2. 題材について
（1）近年、朝ごはんの大切さがさけばれる中、朝食をとらない子どもの割合は、小学校、中学校、高校と年齢が上がるにつれ、増える傾向にある。朝ごはんは1日の元気のもとであり、成長期の児童が朝食をしっかりとることは、食習慣の基礎を築く上でも、これから健康にすごすためにも大切なことである。また、早寝早起きをする、朝ごはんを食べる、歯みがきをする、といった生活リズムをととのえていくことは、1日を心身ともに安定した状態ですごすことにもつながってくる。
　　朝ごはんを食べることで、睡眠中に下がった体温は上昇し、血行がよくなり、体が元気に動き出すほか、消化器系が活動をはじめ、腸が刺激されて便通もよくなる。さらに、脳を活発に動かすための重要な役割も果たしている。このように朝ごはんを食べることのよさを知ることで、朝ごはんをきちんと食べようとする意識が高められると考える。
（2）本学級の児童（男子10人、女子11人、計21人）は、活動的で、元気いっぱいである。また、給食を楽しみにしている児童が多く、給食を減らしたり、残したりする児童は少ない。保護者へのアンケート結果を見ると、90％の児童が、朝食を必ず食べており、時々食べないことのある児童は10％であった。ほとんどの児童は朝食を食べているが、パンだけ、果物だけ、パンと飲み物など、1～2品目しか食べていない児童が多く、野菜類を食べている児童は少ない。
　　また、早寝早起きができていない児童は、登校してきても「眠い」と感じており、食べている食品の数も少ない傾向があった。朝ごはんを食べていても、朝ごはんの大切さやきちんと食べることのよさについて、理解して食べているという児童は少ない。
（3）〇課題意識をもたせるための手立て
　　自分が食べた物をふりかえりやすくするために当日の朝ごはんを記録しておき、友だちにどのようなものを食べているかを紹介することで、朝ごはんについての学習をするんだな、という意識を高める。また、朝ごはんを食べる理由について、自分たちで話し合わせる活動をとることで、自分の考えをもって学習に取り組めるようにする。
　〇正しい知識を身につけ、意欲化を図るために
　　朝ごはんについての正しい知識を理解させるために、栄養教諭から説明をしてもらう。その際、朝ごはんの大切さを3つに絞り、食べ物の働きが視覚的にわかるような掲示物を使用する。そして、どのような食べ物をとればそれぞれの働きが活発化されるのかを具体的にあげて、自分の朝ごはんのメニューを見直すときの視点になるようにしたい。
　〇実践化に向けた手立て
　　朝ごはんは食べているが、内容が乏しい例をあげることで、自分の朝ごはんを見直すきっかけとしたい。そして、児童自身がどのように改善したらよいかを考えられるように、料理カードを準備しておく。それを操作する活動を通して、友だちと話し合いながら、自分の朝ごはんを見直していけるようにしたい。そして、朝ごはんを見直すときに考えた工夫点を発表し、全体にも広げていけるようにする。最後に、栄養教諭に「げんきもりもり大賞」を何人か選んでもらうことで、これからの実践意欲を高めたい。
　　また、本時に学習したことを手紙の形式でおうちの人に伝えたり、家の人からも記入してもらったりすることで、家庭との連携を図りたい。

板書計画

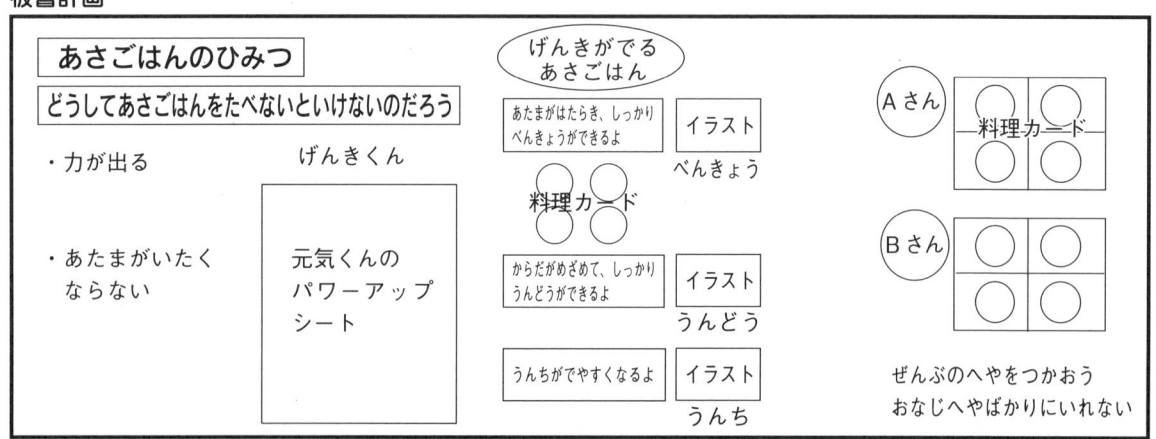

3．学習計画

事前	アンケート	・朝ごはんで食べたものを調べる。
本時	学級活動	・朝ごはんの大切さを知る。 ・朝ごはんをきちんと食べようとする意欲を持つ。
事後	ワークシート	・朝ごはんをきちんと食べられたかを調べる。

4．本時の学習指導

（1）目標　1日を元気に過ごすためには、朝ごはんが大切な役割を果たしていることを知り、朝ごはんをきちんと食べようとする意欲をもつことができる。

（2）学習指導過程

・T1　　○T2　　◎T1T2

学習活動	児童の意識の流れ	教師の支援・評価
1　今朝の朝ごはんを発表し、朝ごはんを食べる理由について話し合う。	朝ごはんを食べてきたよ。 どうして朝ごはんを食べないといけないんだろう。 ・ごはんを食べなかったらおなかがすくから元気が出ないよ。 ・ごはんを食べると、勉強がしっかりできるよ。 ・ごはんを食べると、走ったり跳んだり運動が力一杯できるよ。	・事前に、朝ごはんをワークシートに記録しておき、ふりかえりやすくする。 ・「朝ごはんを食べなくても、昼・夜で食べたらいいのでは？」という問いかけをし、朝ごはんを食べる理由を考えやすくする。
2　朝ごはんの大切さについて考える。	朝ごはんのひみつを知ろう。 ・頭が働き、しっかり勉強ができるよ。 ・体が目覚めて、運動がしっかりできるよ。 ・うんちが出やすくなるよ。 朝ごはんをきちんと食べることは、大切なんだね。 少しでも食べないといけないんだな。	○元気くんのパワーアップシートを使って説明することで、視覚的に理解できるようにする。 ・説明の内容をわかりやすくするために、3つのポイントを板書する。 ・朝ごはんの大切さをまとめるために、穴埋め式のワークシートを準備する。
3　自分の朝ごはんについてふりかえり、考える。 （1）AさんとBさんの場合（例）を考える。	自分の朝ごはんをふりかえってみよう。 Aさん：クリームパン1つ　→　ほかの食べ物も食べた方がいいと思うよ。野菜がぜんぜんないから増やしたらいいんじゃないかな。牛乳も飲んだらどうかな。 Bさん：ごはんと果物　→　野菜がないから、キャベツやレタスの野菜を増やすといいと思うよ。汁がないから、みそ汁を増やしたいな。ウィンナーも食べるといいんじゃないかな。	・朝ごはんの内容を見直すために、児童の意識に合わせて、4部屋にわけた台紙を用意する。 ・料理カードを準備し、AさんやBさんに追加したらよい食べ物を選ぶようにする。 ・追加した理由のポイントとなる言葉を板書しておき、自分の場合の時に考えやすくする。
（2）自分の場合を考える。	・ごはん・目玉焼き・野菜炒め・牛乳でおなかいっぱいだったよ。 ・ごはん・みそ汁を食べたよ。 ・果物だけ食べてきたよ。	◎自分の朝ごはんを見直し、隣同士で話し合わせることでさらによい献立にしていけるようにする。 ◎机間指導をする中で、朝ごはんを見直したり献立ができた児童にシールをはったりして満足感を高める。
（3）工夫したことを発表する。	・いろいろなものを食べているから、私の朝ごはんはこれでいいと思うな。 ・目玉焼きやウィンナーもつけたしたよ。 ・パンと野菜炒めをつけ足したよ。	評　自分の朝ごはんをふりかえり、よさや工夫を考えようとすることができたか。 ◎どうすればよいか困っている子には、友だちに相談して、アイデアをもらうように助言する。
4　おうちの人に手紙を書く。	・いつも作ってくれてありがとう。朝ごはんをほめてもらったから、うれしかったよ。 ・お肉やハムなども食べるようにしよう。 ・いろんなものを食べるようにしたいな。 朝ごはんをきちんと食べて、元気に過ごしたいな。	・実物投影機を利用して、朝ごはんの工夫点をわかりやすく発表できるようにする。 ○栄養教諭が「げんきもりもり大賞」を選んだり、それぞれの工夫のよさを紹介したりすることで、実践への意欲を高める。 ・大切なことを言葉でおさえ、学習のまとめをする。

（3）評価　朝ごはんの大切さがわかり、いろいろなものを食べようと考えることができたか。

小学校第1学年　学級活動指導案

静岡県　静岡市立清水船越小学校

指導者　学級担任　〇〇〇〇（T1）
学校栄養職員　植田知里（T2）

1　題材名　「あさごはんパワーで元気100ばい！」（全1時間）
2　本時の指導
（1）本時の目標

〈目標〉 よい生活習慣の確立	ペープサートを見る活動を通して、朝ごはんの大切さを知り、毎日すすんで食べる生活習慣を身につける。
〈キャリア視点〉 将来設計能力	低学年のうちによりよい食生活習慣を身につける。

（2）展開

学習過程・ キャリア視点	児童の追究	※手立て・留意点
つかむ	あさごはんをたべると、どんなよいことがあるのかな？ ・おなかがいっぱいになる。 　・元気になる。 　・温かくなる。 　・うんちが出る	※ワークシートを配布し、記入させる。
深める	○今日、朝ごはんを食べてきたかワークシートの「食べた」「食べなかった」のどちらかに○をつけよう。 ○どんな朝ごはんだったか書こう。 ○「けんたくんのカラフル変身シートとペープサート」を見よう。 けんたくんのからだのいろは、どんなことをあらわしているのかな？ ・ブルーのけんたくんは元気がない。 ・ピンクのけんたくんは元気に運動ができる。	※けんたくんのカラフル変身シートとペープサートを活用する。 ※パネル掲示
まとめる	○朝ごはんを食べるとよいことが大きく3つある。 　1．頭がすっきりして勉強ができる。 　2．元気に運動ができる。 　3．うんちが出る。	
意欲づけ ふりかえる	○朝ごはんパワーで元気100倍になろう！ ○ワークシートの「元気にこにこシート」の太陽に全部色がぬれるように頑張ろう。 ○全部色がぬれたらおうちの方から感想を書いてもらおう。 ○今日勉強してわかったことを発表しよう。 　・これからも朝ごはんをちゃんと食べようと思った。	朝ごはんの大切さを理解することができ、成長期の食事は特に大切だということがわかる。

（3）評価　けんたくんの体の色が変わる意味について、子どもたちが理解することができ、しっかり朝ごはんを食べて登校したいと思うようになる。

小学校第2学年　学級活動指導案

京都府　綾部市立豊里小学校

指導者　栄養教諭　荒木信子（T1）
学級担任　○○○○（T2）

● 題材名　　あらき先生の元気のヒミツをさぐろう！
● 題材目標
　・1日を元気にすごすためには、朝ごはんが大切な働きをしていることを知る。（知識・理解）
　・自分の生活をふりかえり、すすんで朝食を食べようと意欲を持つ。（関心・意欲・態度）

過程	指導内容 ★主要発問	指導形態	主な学習活動	○指導上の留意点 ◇十分に満足できる児童の手立 ◆努力を要する児童の手立	教材教具	評価（観点） 〈評価方法〉
導入	1、先生のいつものようすを考えさせる。 ★先生はなぜいつも元気なんでしょう？ 2、めあてを知る。	一斉	・先生のいつものようすを考える。 あらき先生の元気のヒミツをさぐろう！	○インタビュー形式にして、発言しやすい雰囲気にする。(T1・T2)	マイクの模型 フラッシュカード	
展開	3、予想されることを発言させる。 4、ヒントとなる紙芝居を見せる。 5、主人公のようすをふりかえらせる。 6、正解をいう。 朝ごはんを毎日食べるから 7、朝ごはんを食べた時の体の変化を知らせる。 ①脳みそ・体を目覚めさせる ②元気・やる気を出させる。 8、朝ごはんは元気のもとであることを伝える。		・何がヒミツの答えか考えながら、紙芝居を見る。 ・紙芝居をふりかえる。 ・答えを声に出して読む。 ・朝ごはんを食べるとなぜ元気になるのか考える。	◇自分なりの考えを発言させる。(T1) ○紙芝居を集中して見させる。(T1) ○朝ごはんを食べてこなかった時の体のようすに注目させる。(T1) ○はっきりとした声で読ませる。(T1) ○元気くんのパワーアップシートを見ながら、体がどう変化していくのか理解させる。(T1) ◆絵で理解させる。(T1)	紙芝居 元気くんのパワーアップシート	一日を元気にすごすためには、朝ごはんが大切な働きをしていることも知る。（知識・理解）
まとめ	9、本時のまとめをする。 これからどんなことに気をつけて生活したいか。		・ワークシートに書く。	◆机間指導で支援する。(T1・T2) ○これからの自分の生活について考えさせる。(T1・T2)	ワークシート	自分の生活をふりかえり、すすんで朝食を食べようと意欲を持つ。（関心・意欲・態度）

小学校第3学年　体育科（保健領域）学習指導案

東京都　葛飾区立東柴又小学校

指導者　学級担任　関根寿一（T1）
　　　　養護教諭　内間直美（T2）

1　単元名　「毎日の生活と健康」
2　単元の目標
　　健康の大切さを認識すると共に、健康によい生活の仕方を理解する。
3　評価基準
　（1）関心・意欲・態度
　　　　1日の生活の仕方、身のまわりの清潔や生活環境、学校の保健活動について、すすんで課題を見つけたり、課題について調べたり、わかったことを発表したり、友だちの発表を積極的に聞いたりしようとしている。
　（2）思考・判断
　　　　1日の生活の仕方、身のまわりの清潔や生活環境について、自分の生活を見直すことを通して、課題を設定し、解決の方法を考えたり判断したりできる。
　（3）知識・理解
　　　　毎日を健康にすごすためには、1日の生活の仕方が深くかかわっていること、また、体を清潔に保ち、生活環境をととのえる必要があることを理解し、知識を身につけている。
4　単元について
　（1）児童の実態
　　　　本学級では、年間を通した食に関する指導として、給食指導を中心とした食育の充実と、栽培活動を軸にした野菜の苦手意識の克服に向けて取り組んできている。給食の時間の児童の会話のようすからは、健康的な生活を営む上で、食生活を大切にしていこうという意識が見られるようになってきている。
　　　　しかし、食生活の3分の2をしめる家庭生活においては、規則正しい生活が習慣化できないために、睡眠時間が短かったり食事の時間が不規則であったりして、望ましい食生活を送っているとはいえない児童も見られる。知識としては、食の大切さを3年生なりに理解しながらも、実際の生活の中ではその知識を生かし、健康的な生活を送ろうというところまでは至っていないように見られる。
　　　　その結果、朝食に関しては、短い時間ですませられるような内容になっていたり、排便をせずに登校してきたりという状況にもなっているように見られる。知識の伝達にとどめることなく、日ごろの生活にいかにして影響を与えていくことができるのかが大きな課題となっている。
　（2）単元設定の理由
　　　　成長期の児童にとって、健康な体をつくり、元気に1日をスタートさせるためには、朝食は欠かすことができない。しかし、生活が夜型化して朝起きられず「時間がない」「食欲がない」という理由から朝食を欠食する場合が見られる。そこで、朝食が果たす役割をより具体的に示し、理解させていくことで、日々の生活の中に浸透させていくことをおもなねらいとして設定した。
　　　　また、単元全体として、児童自らが健康の保持増進には、日々の生活習慣が深くかかわっていること、また、自らすすんで生活環境の改善を図っていく必要があることを理解させ、実践させていくことをねらいとしている。

5　指導計画（全5時間・本時第2時）　◇…関心、意欲、態度　□…思考、判断　▽…知識、理解

時間	学習内容	評価規準と評価方法
第1時	○わたしたちの生活とけんこう 1．健康とはどのような状態か考える。 2．その日の体調や気分をチェックする。 3．毎日の生活と健康とが深くかかわっていることについて考える。 4．健康と食事や運動、休養、睡眠とが関係していることをまとめる。	◇健康についての自分の考えを発表している。 ◇副読本の項目に照らし合わせながら確認している。 □食事、運動、睡眠、排便が不十分な場合、体にどのような影響が出るか考えたことを発表している。 ▽食事、運動、睡眠、排便が健康と関係していることに気づき、発表している。

第2時	○朝ごはんはどうして大切なの？ 1．朝ごはんを食べたか、その内容も含めてふりかえる。 2．朝ごはんを食べると体温が上がることを知る。 3．朝ごはんを食べることによって脳が活発に活動することを知る。 4．朝ごはんの大切さを理解し、食生活できちんと朝ごはんを食べる習慣を身につけようと意欲を持つ。	◇当日朝の朝食をふりかえり、すすんでワークシートに記入し、発表している。 ▽資料をもとに、脳が活発に活動するようすを理解し、気づいたことを発表している。 □自分の食生活をふりかえり、本時の学習を踏まえながら、ワークシートに今後の課題を記入している。
第3時	○リズムのある生活を送ろう 1．「たかしさんとゆきさんの１日」を比較し、気づいたことを発表する。 2．前日の放課後から当日の朝までの生活のようすをふりかえる。 3．自分の生活のめあてを立てる。	◇副読本を見ながら、すすんで気づいたことを発表している。 □睡眠時間、自由時間のすごし方など、観点を的確にとらえて発表している。 □自分の生活のようすで特徴的なことに気づいている。 ◇継続して実行可能なめあてを考えている。 （副読本への記入・発表）
第4時	○体をせいけつに 1．体を清潔にしなければならない理由を考える。 2．ぬれた脱脂綿で手をふき、気づいたことを発表する。 3．正しい手の洗い方を知る。 4．体を不潔にした時のようすについて知る。 5．体を清潔にするために実行することを決める。	◇清潔にしなければならない理由についてすすんで考え、ワークシートに記入している。 ◇手の汚れについて気づいたことを発表している。 ▽資料をもとに実際に手を洗っている。 □つめや皮膚などを清潔にする理由について自分なりの考えを発表している。 ◇継続して実行可能なめあてを考えている。 （副読本への記入・発表）
第5時	○かんきょうをととのえる 1．部屋の空気の入れかえをする理由について考える。 2．副読本の図を見て、部屋の空気について気づいたことを話し合う。 3．目におよぼす影響について教科書の図より考える。 4．みんなの健康を守るための活動について考える。 5．環境をととのえるために自分が気をつけることを考える。	◇換気の理由を積極的に考えてワークシートに記入している。 □空気が悪くなる場面について積極的に考えてワークシートに記入している。 □ちょうどよい明るさがあることに気づき、発表している。 ▽学校の中で、だれがどのようなことをしているのか考え、発表している。 ◇具体的で実行可能なめあてを決めている。

6　本時

（1）本時のねらい
　　○朝ごはんを食べることによって、体はどのように変化するのかを理解する。（知識・理解、食の重要性）
　　○自分の朝ごはんをふりかえり、毎日しっかり食べようと意欲を持つ。（関心・意欲・態度、食と健康）

（2）展開

時間	学習活動・内容	指導上の留意点 ◎評価	資料等
導入	1．今日のこれまでをふりかえり、ワークシートに記入する。 ①朝ごはんを食べたか、食べなかったかをふりかえり、ワークシートに○をつける。 ②食べた場合は、どんな朝ごはんだったか、食べなかった場合は、どうして食べられなかったかを記入する。 ③学校での体調について気づいたことを記入する。	T1朝食の摂取状況について質問し、ワークシートに○をつけさせる。 ◎当日朝の朝食をふりかえり、すすんでワークシートに記入し、発表している。 T1食べたものを発表させる。児童の発言に合わせて、食品カードを黒板にはる。 ワークシートに記入できずに困惑している児童に対しては、個々に助言を与える。	・ワークシート ・食品カード
展開	**朝ごはんはどうして大切なの？（T1）** 体の中でどんなことが起こるのか 2．黒板にはられた、元気くんのパワーアップシートの表情に注目する。 3．朝ごはんを食べると体温が上がることを元気くんのパワーアップシートから知る。 4．そのほかに体にはどのような変化が起きるのか、気づいたことを発表する。 5．元気くんの脳や体の中のようすを黒板にはられたイラスト文字シートから確認する。 6．朝ごはんを食べることによって脳が活発に活動することを知る。	T1黒板に元気くんのパワーアップシートをはる。この時は、髪の毛シート、洋服シートを合わせてはっておく。 T1「まずは、1つ大切なことを○○先生に話してもらいましょう。」 T2体に起こる変化を説明する。 T2「よくかんで食べるシート」と「体温が上がるシート」をはる。 T2ほおのシートをはる。サーモグラフィーを使って、体の表面温度の変化についても説明する。 T1そのほか、体にはどのような変化が起るのか発言させる。 ◎資料をもとに、体に起きる変化について理解し、気づいたことを発表している。 T1みんなに発表してもらったことを○○先生にまとめてもらいましょう。 T2元気くんの洋服や髪の毛シートをめくりながら児童の発言に合わせて「血のめぐりがよくなる」「うんちをしたくなる」などのイラスト文字シートをはる。 T2脳にもエネルギーが補給されて脳が目覚めると説明しながら、「脳が活発に動き出す」イラスト文字シートをはる。元気くんのパワーアップシートに目、口のシートをはる。 ◎資料をもとに、脳が活発に活動するようすを理解し、気づいたことを発表している。	・元気くんのパワーアップシート ・髪の毛シート ・洋服シート ・顔のシート ・ほおのシート ・よくかんで食べるシート ・体温が上がるシート ・サーモグラフィー ・イラスト文字シート ・目のシート ・口のシート
まとめ	7．朝ごはんを食べると体がどのように変化するのかをワークシートに記入する。 8．朝ごはんの大切さを理解し、毎日きちんと朝ごはんを食べる習慣を身につけようと意欲を持つ。	T1朝食をとることによって体や脳が活発に活動することについて、理解を深めさせる。 T1児童自身の食生活についてふりかえらせ、毎日朝食をとるよう意欲を持たせる。机間指導を行い、ワークシートに記入できていない児童には、個々に授業のふりかえりをさせる。 ◎本時の学習を踏まえながら、朝食の大切さについてワークシートに記入している。	・ワークシート

7　評価
　・朝ごはんを食べると体はどのように変化するのか、理解できたか。
　・自分の朝ごはんをふりかえり、毎日しっかり食べようと意欲を持つことができたか。

小学校第4学年　学級活動指導案

愛知県　豊田市立浄水小学校

指導者　学級担任　〇〇〇〇（T1）
　　　　栄養教諭　髙田尚美（T2）

1　主題　元気な一日のスタートは、よい朝ごはんから

2　主題設定の理由
　保健室を訪れる子どもたちに朝食を食べてきたか、何を食べたかをたずねると、食べていなかったり菓子パンだけと答えたりする子どもたちがいる。また、保健室には行かないまでも、授業中ボーッとしていたり、集中して学習に取り組めない子どもたちもいる。朝食を食べない理由は「時間がない」「食欲がない」が多く、生活が夜型化して朝起きられず、朝食を食べるための生活ができていないようすが見られる。
　そこで充実した学校生活を送るために、朝食の役割を知り、望ましい朝食を毎日食べようとする意欲を持たせるため本主題を設定した。

3　本時の指導
(1) 目標
　○自分の体調を意識し、朝ごはんとの関係を知る。
　○朝ごはんの大切な働きを知り、毎日よい朝ごはんを食べようという意欲を持つ。

(2) 準備
　T1・・・字パネル（本時のめあて）、ワークシート
　T2・・・朝ごはんの働きを知るための絵カード・文字カード

(3) 指導過程

時間	学習活動	指導上の留意点	資料
導入 8分	1　元気に1日をスタートさせるためについて学ぶことを知る。 2　自分の給食時間までの体調をふりかえる。ワークシートに記入する。 　自分の給食時間までの体調を発表する。	今日の主題の前半「元気な一日のスタートは」を知らせる。(T1) ・日ごろの生活を思い出させ、ワークシートに記入させ、発表させる。(T1) ・机間指導‥記入の援助、児童のようすを把握(T2)	・ワークシート
展開 25分	3　今日の朝ごはんをふりかえり、ワークシートに 記入する。 4　朝ごはんの働きについて考えよう。知っていることや気づいたことをワークシートに記入する。 5　朝ごはんの働きについて知ろう。	今日の朝ごはんを思い出し、記入させる。(T1) ・机間指導‥記入の援助、児童のようすを把握。(T1・T2) ・24時間時計で朝ごはんを食べない時のことを想像させる。(T1) ・自分の体調と朝ごはんに関係があることを気づかせる。(T2) ・机間指導‥記入の援助、児童のようすを把握(T1・T2) ・黒板にはった元気くんのパワーアップシートとサーモグラフィーを利用し、朝ごはんの働きについて気づいたことを発言させる。(T2) ・朝ごはんの働きと朝ごはんの内容の関係を太陽のイラスト、朝食のイラスト、食品カード、文字カードを利用して知らせる。(T2)	・ワークシート ・24時間時計 ・元気くんのパワーアップシート ・サーモグラフィー ・太陽のイラスト（※①） ・朝食のイラスト（※②） ・食品カード
まとめ 12分	6　朝ごはんの働きと、本日の主題を確認する。 　ワークシートに記入する。 7　よい朝ごはんを毎日食べるために、自分ができることを考える。 　ワークシートに記入する。 　発表する。	・栄養教諭と一緒に学んだことを、ワークシートに記入させる。(T1) ・机間指導‥記入の援助(T2) ・本日の主題「元気な一日のスタートは、」に続く言葉は「よい朝ごはんから」であることを気づかせる。(T2) ・朝ごはんの役割の大切さを理解させ、よい朝ごはんを毎日食べようという意欲を持たせる。(T1・T2) ・机間指導‥記入の援助(T1・T2) ・ワークシートに記入したことを発表させる。(T1)	

※①けんたくんのカラフル変身シートとペープサートより使用　※②生活リズムロープより使用

(4) 評価
　○自分の体調と朝ごはんとの関係が理解できたか。（ワークシート・発表）
　○朝ごはんの大切な働きを知り、毎日よい朝ごはんを食べようという意欲を持つことができたか。（ワークシート・発表）

小学校第5学年　学級活動指導案

京都府　長岡京市立長岡第六小学校

指導者　栄養教諭　上田麻理子（T1）
　　　　学級担任　○○○○　　　　（T2）

1　対象　　第5学年
2　単元　　「1日のスタートは、朝ごはんから！」
3　単元目標
　　・自分の食生活に関心を持ち、朝ごはんの大切さを知る。(知識・理解)
　　・自分の体のために、より望ましい朝ごはんを食べようとする意欲を持たせる。(関心・意欲・態度)
4　本時の展開

過程	指導内容	指導形態	主な学習活動	指導上の留意点	教材・教具等	評価
導入	アンケートの結果を提示し、自分たちの実態を知らせる。	一斉	アンケートの結果を見て気づいたことを発表する。		・アンケート結果	自分たちの食生活に興味が持てたか（関心）
展開	朝ごはんのよいところを考える。　　朝ごはんのヒミツについて考える。		**1日のスタートは、朝ごはんから！**　　「朝ごはんを食べるとどんなよいことがあるか」自分の考えを発表する。　　朝ごはんのヒミツをクイズなどを使って考えながら探っていく。　　①脳へタイミングよく栄養を補給し、頭の働きをよくする（脳の目覚ましスイッチ）　　生活リズムロープを見ると、朝に食事を補給するとタイミングがよいことを知る。　　夜に朝ごはんの分まで食べても、ブドウ糖としては貯蔵できず、脂肪にかわることを知る。	朝ごはんを食べるとどんなよいことがあるのか、自分の体験をもとに考えさせる。　　「朝ごはんのヒミツ」を通して考えさせる。　　生活リズムロープを示し、12時間分しかためておけない脳のエネルギー源、ブドウ糖が夕食後切れるタイミングと朝ごはんの時間が一致することを示す。　　寝る前に食べすぎた、肝臓に貯蔵し切れないブドウ糖は、脂肪にかわることについても触れる。	・パワーポイント　　・スイッチカード　　・生活リズムロープ・ブドウ糖カード	・朝食の働きに関心を持てたか（関心）

展開	食べ物と朝ごはんの効果の関係を知る。		②体温を上昇させ、やる気を出す（体の目覚ましスイッチ）			
			サーモグラフィーを見て朝食を食べる前にくらべて食べた後は体の表面温度が上がり温かくなっていることを知る。	サーモグラフィーを示し、朝食を食べた後は体の表面温度が上がっていることを理解させる。	・パワーポイント ・サーモグラフィー ・スイッチカード	
			③体のリズムをととのえる（うんちが出るクリーンスイッチ）			
			食べることで、体が目覚め、そのことで排便が促されることを知る。	食べることで、体の中で消化活動がはじまり、体が目覚めることを理解させる。また、食物繊維の多いものがより消化活動を活発にすることを伝え、そのことで排便が促されることも理解させる。	・スイッチカード ・パワーポイント	
			看護師や客室乗務員が生活リズムをととのえるための策として、朝ごはんを食べていることを知る。	看護師や客室乗務員などは不規則な生活リズムを正しくととのえるために朝食を食べていることを伝える。		
			スイッチカードを見ながら3つのスイッチが入る朝ごはんを考える。	自分の実生活に近い、実現できそうな組み合わせを考えさせる。	・ワークシート	・朝食の働きについて理解したか（知識・理解）
			3つのスイッチを入れるには、主食・主菜・副菜を食べることが大事なことを知る。	食品カードを示しながら、3つのスイッチを入れる食事について説明する。 ①脳の目覚ましスイッチ→主食（炭水化物） ②体の目覚ましスイッチ→主菜（たんぱく質） ③クリーンスイッチ→副菜（野菜、海そうなど）	・食品カード ・スイッチカード	
			自分が考えた朝ごはんの献立を、3つのスイッチが入るように訂正する。	3つのスイッチを入れるには、主食・主菜・副菜を食べることが大事なことを理解させ、自分の食生活についてふりかえらせる。		
まとめ	今日の学習をふりかえる	個人	朝食として用意されたものは、自分の体のために何でも食べようとする気持ちを持つ。	本日の学習をふりかえる。朝食への興味を高め、用意されたものは何でもしっかり食べようとする意欲を持たせる。		・朝食をしっかり食べようとする意欲を持てたか（意欲・態度）

5．評価

- 自分の食生活に関心を持ち、朝ごはんの大切さを理解できたか。（知識・理解）
- 自分の体のために、より望ましい朝ごはんを食べようとする意欲を持つことができたか。（関心・意欲・態度）

小学校第5学年　学級活動指導案

茨城県　龍ケ崎市立龍ケ崎西小学校

指導者　学級担任　荻島康生（T1）
　　　　栄養教諭　沢辺智美（T2）

1 題材　　朝食の大切さを見直して、バランスのとれた食事をしよう
2 題材設定の理由

　現在、児童の朝食欠食が問題となっている。平成17年の文部科学省の調査では、中学生の22％、小学生の15％が「朝食を食べないことがある」と答えている。平成17年7月に食育基本法が施行された。食育基本計画では、朝食を欠食する国民の割合の減少を目標としている。生活習慣の形成上にある子ども（小学生）については、平成12年度に4％となっている割合（小学校5年生のうちほとんど食べないと回答した者）について、平成22年度までに0％とすることを具体的に掲げている。朝食欠食は、年齢が高くなるにつれて増加する傾向にあり、子どものころからの食習慣が基礎となる。

　朝食は、「早寝・早起き・朝ごはん」といわれるほど大切である。脳の働きをよくし、体温を上げ、排便を促すなど、朝食をしっかりと食べると1日の生活リズムをととのえることができる。健康で長生きするためには、どのような生活をしたらよいのかを自分で決定できる能力を身につけていることが重要である。まず、児童自身が朝食の大切さを見直し、健康的な食生活を送ることができるよう、本題材を設定した。

食事に関するアンケートの結果（5年1組　男15名、女15名　計30名）　（H19年9月21日調査）

①夕食のあと、よく夜食やおやつを食べますか。
　・よく食べる（0名）　・ときどき食べる（18名）　・食べない（12名）
②何時ごろ寝ますか。
　・9時より前（5名）　・9時よりあと（13名）　・10時よりあと（10名）　・11時よりあと（1名）　・12時よりあと（1名）
③朝食は食べていますか。
　・毎日食べる（25名）　・週に5～6日食べる（1名）　・3～4日食べる（2名）　・1～2日食べる（1名）
　・いつも食べない（1名）
④毎日食べないのはなぜですか。
　あまり食べたいと思わないから（4名）　・いつも食べないから（1名）
⑤朝食に何を食べてきましたか。
【主　食】・ごはん（13名）　・パン（10名）　・肉まん（1名）
【主　菜】・たまご料理（目玉焼き、たまご焼きなど）（5名）・肉料理（ベーコン、ウインナーなど）（4名）
　　　　　・納豆、しらす、ピーマン肉詰め、チーズはんぺん（各1名）
【副　菜】・サラダ、トマト、ほうれんそう、とうもろこし、フライドポテト、ふりかけ（各1名）
【汁　物】・みそ汁（7名）　・スープ（2名）
【飲み物】・牛乳（各2名）　・ジュース（1名）
【その他】・バナナ（1名）　・ヨーグルト（1名）

　アンケートの結果から、約17％の児童が朝食を欠食する傾向にあることがわかった。しかし、朝食を食べている児童でも、栄養のバランスにおいて問題のある場合が多い。また、夕食後の夜食やおやつ、就寝時間など生活面についても見直すべき点があることがわかった。

　そこで、児童が興味を持って理解ができるよう、視覚的に訴えかける指導資料を活用しながら、朝食を食べない児童だけではなく、食べている児童に対しても朝食の役割や大切さを意識づけたい。「主食のみ」や「主食と主菜のみ」といったような偏った食事内容では、体が元気に働かない。肥満の児童が増加傾向にもあることから、嗜好の偏りや栄養過多などのない食事をし、自分の健康を管理できるようにしたい。栄養バランスがチェックできるように料理の写真を用いて朝食の献立パターンを提示し、理解ができるようにしたい。また、朝食は1日の生活リズムをととのえるためには欠かすことができない食事である。朝食をきちんと食べるには「早寝・早起き・朝ごはん」のポイントについて資料を活用して意識づけていきたい。食習慣が確立する前に、健康的な食生活を送る力をつけたい。

3 目標

関心・意欲・態度	思考・判断	技能・表現	知識・理解
自分の食生活に関心を持ち、健康的な生活を送ろうとする。	自分の朝食をはじめとした食生活を見直し、健康を意識した食生活を送ることができる。	朝食をきちんと食べ、バランスのよい食事をとることができる。	朝食の必要性を考え、理解し、健康につながることを知る。

4 活動計画

月　日	活　動　内　容	対象	活動の場
9月21日	朝食についてのアンケート調査をする。	全員	帰りの会
9月25日	アンケートを集計する。		
10月5日	朝食の大切さを見直して、バランスのとれた食事をしよう。	全員	学級活動（本時）
10月6～10日	1週間の朝食について朝食カードに記入する。	全員、個別	家庭

5 本時の計画
(1) ねらい
　朝食を食べることの大切さを知り、そのとり方について考える活動を通して、自分の食生活を見直し、健康的な生活を送ろうとする意欲が持てる。

(2) 準備・資料
　アンケート結果表、元気くんのパワーアップシート、朝食を食べた時の調子のよい絵、サーモグラフィー、脳のペープサート、1日の生活リズムの絵カード、朝食で食べる料理の写真、朝食シート、給食の写真、学習カード

(3) 展開

配時	児童の活動・内容	指導上の留意点及び評価（※は評価）
5	1 アンケート結果から本時の学習課題をつかむ。 　朝食の大切さを見直して、バランスのとれた食事をしよう。	・アンケート結果をもとに、朝食の欠食状況、起床時間や朝食の時間などの状況を知り、本時の学習への問題意識が持てるようにする。（T1） ・アンケートを見て気づいたことや思ったことを発表できるようにする。
10	2 朝食の影響についてグループ内で話し合い、発表する。 ①朝食を食べると体の調子はどうなるか。 ②朝食を食べないと体の調子はどうなるか。	・学習カードに朝食を食べた時や食べなかった時に体の調子にどんな影響があったのか、体験したことを書き、自分の問題とする。 ・学習カードを活用し、2つの場合から、朝食の役割を考えられるようにする。（T1）
10	3 朝食を食べることの大切な理由について、栄養教諭の話を聞く。 　（朝食の役割） 　○脳のエネルギー補給　○体温を上げる 　○体のリズムをととのえる	・サーモグラフィーを使ってクイズを出題したり、脳のペープサートや、絵カードを提示し、朝食を食べると、3つの大きな効果があり、1日の元気のもとは朝食にあることを気づかせたい。（T2） ・元気くんのパワーアップシートを活用して、朝ごはんを食べると体がみるみるうちに元気になっていくようすを確認する。
10	4 学習カードにタイムスケジュールをつくり、自分の1日の生活をふりかえる。 ①タイムスケジュールをカードに作成する。 ②カードをもとに話し合う。 ③絵カードを使って1日の生活リズムの確認をする。	・学習カードを活用し、日曜日のタイムスケジュールをつくることで、自分の生活をふりかえり、問題点に気づかせる。 ・掲示資料を活用し、資料を提示しながら1日の生活リズムを意識させたい。（T2） ・早寝・早起き、寝る前の食事のとり方、体を動かすなど、自分の生活を改善しようとする意識を持てるようにする。 ※自分の生活を見直し、改善しようとする意欲が持てたか。(学習カード、観察)
5	5 朝食の献立パターンから朝食シートに当てはめ、不足した栄養素はないか確認する。	・朝食シートで、バランスのとれない朝食例を示し、ひと目で栄養バランスの確認ができるようにする。（T2） ・給食の献立は栄養バランスに注意していることを話し、朝食でも栄養のバランスが大切だということを考えさせたい。(赤・黄・緑がそろっているか)
5	6 本時のまとめをする。 ・学習カードに記入し、発表する。（わかったこと、気をつけたいこと、今後の目標）	・カードに書けない児童への助言をして、活動を促す。（T1、T2） ※朝食をとることの大切さに気づき、望ましい食事をしようとする意欲が持てたか。（学習カード、観察、発表）

(4) 事後の活動
　・簡単につくれる朝食レシピのプリントを配り、児童が自らつくることができるよう、支援する。（T2）
　・食のおたよりを作成し、家庭へ働きかける。（T2）
　・1週間（土・日を含む）の朝食の状況を朝食カードに記入する（心がけたこと、感想なども記入）。栄養教諭のコメントを記入し、今後の児童の意欲を高める。（T2）

小学校第5学年　学級活動指導案

岐阜県　多治見市立北栄小学校

指導者　学級担任　○○○○（T1）
　　　　栄養教諭　松原恵子（T2）

1. 題材名　　朝ごはんについて考えよう
2. 題材設定の理由
　　朝食については、「食べている」という場合でも、その内容が主食だけ、主食と飲み物だけなどの問題があります。そこで、主食・主菜・副菜・汁物がそろった栄養バランスのよい献立を考え、そういった朝食をすすんで食べるという意欲を持つことができるようにし、家庭の食生活の改善につなげられるようにするため本題材を設定しました。
3. 目　標
　　・朝食を食べることの大切さを理解し、栄養バランスがよい献立を考えることができる。
　　・自らすすんでバランスのよい朝食を食べようとする意欲を持つ。
4. 本時の展開

過程	学習内容	児童の活動	指導の留意点	資料
つかむ	・今日の朝食内容を思い出す。	・今朝の食事内容を学習プリントに書く。	・食べてきた朝食を学習プリントに記録させる（主食・主菜・副菜・そのほかを学習プリントを使って簡単に説明する）	・学習プリント
	朝ごはんについて考えよう			
	・今日学習することを確認する	・今日学習することが、朝食の役割と、自分の朝食をふりかえることであることを知る。	・以前行った実態調査の結果を見せ、今日学習することを確認する。	・北栄小5年生の朝食調査結果
		・黒板にはられた生活リズムロープを見て、気がついたことを発表する。	・生活リズムロープを示し、自分たちの生活をふりかえり、思い起こさせるようにする。その後、気づいたことを発表させる。	・生活リズムロープ
	・朝食の体への役割を知る。	・朝食を食べると、体温が上がることを知る。	・サーモグラフィーから朝食を食べると体温が上がることをおさえる。	・サーモグラフィー
		・朝食欠食がなぜいけないか知る。	・朝食をとらないとどうなるか知らせる。 ①朝「ボー」としている（脳のエネルギー不足） ②活動できない（体温が上がらない） ③朝うんちが出ない（排便を促せない）	・カード①②③
深める	・どんな朝食が体にいいか考える。	・どんな朝食が体にいいのか考える。	・食品カードを使って朝食の例を2つ出して、どちらが体によい朝食か考えさせる。 ・主食/主菜/副菜/汁物（飲み物）シートにわけさせ主食/主菜/副菜/汁物（飲み物）がそろっているAが体によいことを知らせる。	・食品カード ・主食/主菜/副菜/汁物（飲み物）シート
		・自分にできそうなことを考える。	・Bに何をしたら体によい朝食になるか考えさせる。 Bに主菜を加えるとしたら・・・ さらに副菜を加えるとしたら・・・ さらにそのほかを加えるとしたら・・ 簡単な方法で、いろいろな例を出して体によい食事を考えやすいよう配慮する。	
	・体によい朝食を食べるためにどうしたらよいか知る。	・体によい朝食を食べるためには、どうしたらよいか話を聞く。	・バランスのよい朝食を食べてくるためには、 ① 早寝早起きをする ② 夕食後にはおやつを食べない ③ 簡単に増やせるおかずを工夫する	
まとめる	・自分の朝食を体によい朝食にするためにはどうしたらよいか考える。	・今日の朝食をふりかえり、なるべく簡単に体によい朝食にするには、どうしたらよいか考える。	・今日の朝食をふりかえらせ、体によい朝食を考えさせる。	・学習プリント

5. 評価
　　・朝食を食べることの大切さを理解し、栄養のバランスのよい献立を考えることができたか。
　　・自らすすんで栄養のバランスのよい朝食を食べようとする意欲が持てたか。

小学校第6学年　家庭科学習指導案

千葉県　佐倉市立西志津小学校

指導者　家庭科教諭　椎名香代子（T1）
　　　　学校栄養職員　髙田久子（T2）

1. 題材名　楽しい食事をくふうしよう　（1食分の食事について考えよう）
2. 本時の活動（1～2／12時間）
   (1) 目標
      ○ 1日の生活における朝ごはんの大切さを理解することができる
      ○ 栄養のバランスを組み合わせて、1食分の食事を考えることができる
   (2) 展開　　　　　　　　　　　　　　　　　　　　○支援　※評価（仮説とのかかわり<◎>）

時配	学習活動と内容	支援と評価	資料
8分	1．前期の学習を想起する。（T1）	○サーモグラフィーや体温の上昇と知的能力のグラフを使って栄養のバランスに着目できるようにする。	・サーモグラフィー ・体温の上昇と知的能力のグラフ
	栄養のバランスを考えた朝食作りをしましょう		
15分	2．元気くんのパワーアップシートを見て朝食を食べることの必要性を話し合う（T2）	○資料から朝食をとった時とそうでない時の違いを視覚でとらえるようにする。 ※朝食の大切さを感じることができたか。	・元気くんのパワーアップシート ・エネルギー補給説明書
20分	3．本日の給食の献立からどんな食材が使われているか調べる。（T2）	◎3つの食品群の欄に書き込んで整理できるようにする。 ○栄養のバランスの意味をとらえて、この後のグループ活動に生かせるようにする。	・給食の写真 ・食品群表 ・主食、主菜、副菜、汁物の文字カード ・献立作成ポイント表
30分	4．調べたことを発表し、グループごとに1食分の朝食の食事づくりを話し合う。（T1・T2）	○T1・T2が支援の範囲を決めて助言できるようにする。	
2分	5．次時の予定を知る。（T1）	○献立づくりの課題を持てるようにする。	

3. 成果と課題　☆成果　△課題

　☆自分たちのつくった献立が給食のメニューに採用されたことで、食事への興味が高まった。
　☆身近な献立を教材化したことで栄養のバランスのとり方について理解が深まった。
　☆「チャレンジカード」の実践をくりかえしたことにより、調理を生活に生かせる児童が増えた。
　☆サーモグラフィーなど視覚に訴えた資料掲示により、朝食の大切さをわかりやすく感じることができた。
　☆学校栄養職員の専門的な知識や指導が導入されたことで、よりわかりやすい授業が成立できた。
　△導入でクラスで実施した「朝食欠食状況」を活用すると、本時の課題を身近な問題としてとらえることができたのではないか。
　△地元である佐倉でとれる野菜を使い安全でおいしいことを理解させると「佐倉学」に踏み込んだ授業づくりができたと思われる。
　△基礎基本を理解させながら、自分たちで資料を掘り下げて読み取ったり、考えたりできるような授業の構成が工夫できると児童の主体性も育つのではないか。

中学校第1学年　家庭科学習指導案

愛知県　小牧市立小牧中学校

指導者　栄養教諭　　林紫　　　（T1）
　　　　家庭科教諭　○○○○　（T2）

1 単　元　わたしたちの食生活
2 目　標
(1) 生活の自立に必要な衣食住に関する基本的な知識と技術を習得する意欲を持つことができる（関心・意欲・態度）
(2) 生活の中で食事が果たす役割や健康と食事のかかわりについて知ることができる(知識・理解)
(3) 食品の栄養的特徴について知ることができる（知識・理解）
(4) 栄養素の種類と働きについて知ることができる（知識・理解）
(5) 中学生の時期の栄養の特徴について考えることができる（知識・理解）
(6) 中学生に必要な栄養を満たす1日分の献立を考えることができる(創意・工夫)

3 指導計画（9時間完了）
　　第1次（2時間）食事のとり方を考えよう
　　　　本時1/2　朝食をきちんと食べよう
　　第2次（1時間）食品と栄養素のかかわりを知ろう
　　第3次（1時間）栄養素の働きを知ろう
　　第4次（3時間）何をどのくらい食べたらよいのだろう
　　第5次（2時間）バランスのとれた食生活を考えよう

4 本時の指導
(1) 目　標
　　○朝食の働きや大切さを理解し、毎日朝食を食べようとする意欲を持つ（関心・意欲・態度）
　　○バランスのよい朝食メニューを立てることができる(創意・工夫)
(2) 準　備
　　　フラッシュカード　絵パネル　サーモグラフィー　レーダーチャート　食品カード　主食／主菜／副菜／汁物(飲み物)シート　ワークシート

板書計画1

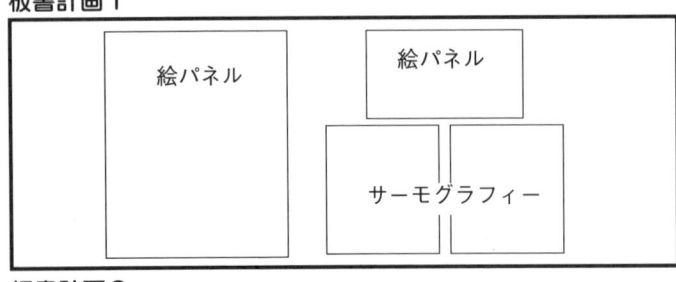

| 絵パネル | 絵パネル |
| | サーモグラフィー |

※スライド式の黒板を使用。

板書計画2

朝食をきちんと食べよう

朝食がたいせつな理由は？
①体温を上昇させ、体のリズムを整える
②集中力を高める
③脳のエネルギー源

朝食パワーアップ作戦
主食　□□□□
主菜　□□□□
副菜　□□□□
汁物(飲み物)　□□□□

もし○○を加えると
和の献立
食品カード
○＋○＋○＋○
主食　主菜　副菜　汁物(飲み物)
→レーダーチャート

洋食の献立
食品カード
○＋○＋○＋○
主食　主菜　副菜　汁物(飲み物)
→レーダーチャート

主食・主菜・副菜・汁物(飲み物)シート

(3) 指導過程

時配	学習の流れ	指導者の働きかけ・評価
3分	1 朝食の実態について知る。 （1）朝食の摂食状況 （2）欠食の理由 （3）どんなものを食べたか	○朝食についてのアンケート結果を示し、朝食に対する関心を持たせる。
15分	2 本時の学習内容をつかむ。 （1）朝食の大切さについて知る。 ・体温を上昇させ、体のリズムをととのえる ・集中力を高める ・脳のエネルギー源 （2）朝食で必要な栄養素と働きを知る。 ・主食（ごはん、パン）は黄色の食品群からとる ・主菜（おもなおかず）は赤色の食品群からとる ・副菜（そのほかのおかず）は緑色の食品群からとる ・汁物（飲み物）	○フラッシュカードを掲示する。 　　朝食をきちんと食べよう ○なぜ朝食を食べるのか、欠食した時の体の調子はどうであったか思い出させる。 ○朝食を食べると体温や血糖値、脳の働きなどにどんな影響があるかサーモグラフィー、絵パネル、フラッシュカードで知らせる。 ○よくある主食だけの朝食に食品カードを使って主菜、副菜を加えながら各種栄養素が満たされていくことをレーダーチャートを使って知らせる。 　朝食の大切さを理解し、朝食に必要な栄養素がわかったか。（ワークシート） ※生徒のようすから、赤、黄、緑の中の栄養素についても触れる。
25分	3 理想的な朝食のメニューを考える。 （1）主食だけの朝食に主菜、副菜を組み合わせる。 主食…おもに炭水化物（ごはん、パン、めん）など 主菜…おもにたんぱく質（魚、肉、卵、豆、豆製品）など 副菜…おもに無機質、ビタミン（野菜、いも類、海藻、乳製品）など 　　※汁物（飲み物）は水分補給 4 毎朝、自分が食べている朝食をふりかえる。	○ワークシートの単品メニューを主食、主菜、副菜、汁物(飲み物)に分類させる。 ○主食、主菜、副菜、汁物（飲み物）に分類したそれぞれの枠から好きなメニューを選び、主食／主菜／副菜／汁物（飲み物）シートに当てはめさせる。 ○毎朝、自分が食べている朝食と理想的な朝食を比較して、気づいたことをワークシートに記入させる。 ○バランスがとれた献立例を机間指導で見つけ、その生徒に発表させる。 　バランスのよい朝食の献立が立てられたか（観察・ワークシート）
7分	5 本時のまとめをする。	○朝食欠食が習慣になってしまうと、おとなになってもなかなか直すことができないことを気づかせる。

中学校第2学年　学級活動指導案

茨城県　下妻市立下妻中学校

指導者　栄養教諭　山崎富江（T1）
学級担任　中島暁美（T2）

1　題材名　　　朝食について考えよう
2　題材設定の理由
　(1)題材について
　　　心と体の健全な成長のためには、望ましい食生活や生活リズムの習慣化が大切である。しかし、中学生になると、部活動や生活状況の変化から生活リズムが乱れ、早寝早起きができずに朝食が簡素化されつつある。1日のスタートでもある朝食の必要性を認識し、健康を考えた望ましい朝食のとり方を考えることによって、自らの食生活を改善していこうとする心と態度を育てたいと考え、この題材を設定した。

　(2)生徒の実態
　　　食生活状況調査では、朝食を毎日食べる生徒が90％、ほとんど食べない生徒は1.6％であった。その理由は、食欲がない48％、起きる時間が遅い37％となっている。睡眠時間は6時間未満の生徒が18％であった。2年生対象に実施した食生活アンケート結果の朝食内容は、主食のみが10％、主食と主菜21％、副菜等34％であった。

　(3)指導にあたって
　　　これまで給食の時間や特別活動の中で食に関する指導を実施してきた。本時では、食生活の中でも大切な役割がある朝食について取り上げ、自分の朝食を見直し、よりよいものにしようとする意欲を高め、実践化を図りたい。

3　食育の視点
　　　心身の健康や健康の保持増進のための望ましい栄養や食事のとり方を理解し、よりよい食生活を身につける。

4　指導の過程と評価計画
　(1)　事前の活動

活動内容	活動主体	評価の観点と方法
○食生活アンケートの実施	全体	○今までの自分の食生活を見つめ直しているか。（質問紙法）

　(2)　本時の活動

活動内容	活動主体	評価の観点と方法
○自分の朝食や生活をふりかえり、成長期の食生活の重要性を理解する。	全体 個人	○具体的な朝食についての目標を設定できたか。（発表・観察・ワークシート）

　(3)　事後の活動

活動内容	活動主体	評価の観点と方法
○本時確認したことを毎日の生活に生かす。	個人	○基本的な食生活の態度を常に考え、自ら実践しようと努めているか。（観察）

板書計画

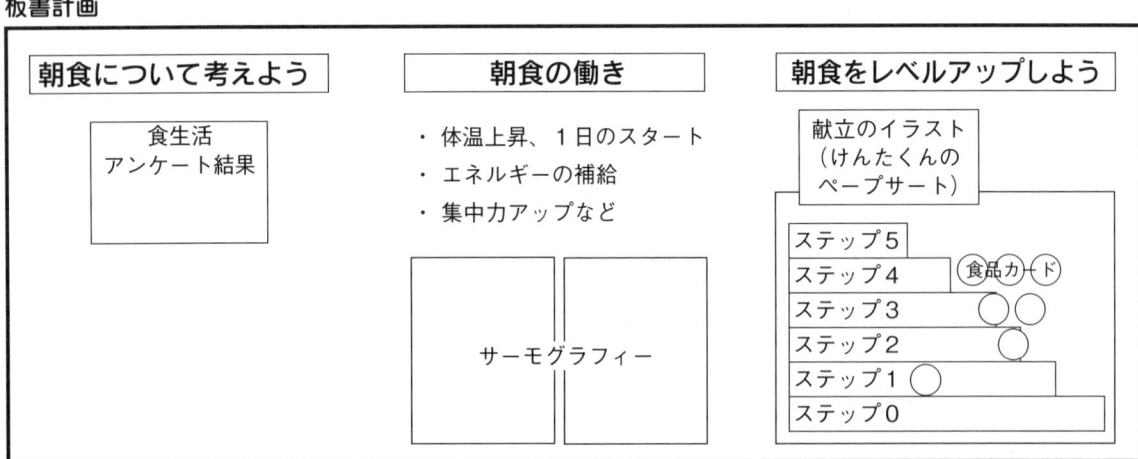

朝食について考えよう
- 食生活アンケート結果

朝食の働き
・体温上昇、1日のスタート
・エネルギーの補給
・集中力アップなど

サーモグラフィー

朝食をレベルアップしよう
- 献立のイラスト（けんたくんのペープサート）
- ステップ5
- ステップ4　食品カード
- ステップ3
- ステップ2
- ステップ1
- ステップ0

5 本時の指導と生徒の活動
（1）活動のテーマ
　「朝食について考えよう」
（2）本時のねらい
　・1日の生活の中での朝食の役割を理解し、バランスのとれた朝食内容を考えると共に、これからの生活を改善していこうとする意欲を持つことができる。
（3）展開

過程	活動内容	指導・支援の留意点	準備
活動の開始	1　本時の課題をつかむ。 ・食生活アンケート結果を見て気づいたことを発表する。 　　　朝食について考えよう	○食生活アンケート結果から、自分たちの生活をふりかえり、想起させるようにして、今日の活動への意欲を持たせたい。	食生活アンケート結果
活動の展開	1　朝食の働きを知り、大切さを考える。 ・体温上昇 ・エネルギーの補給 ・集中力アップなど 2　今日の朝食をレベルアップしてみよう。 ・理想の献立（主食・主菜・副菜・6つの食品群がそろった献立）を知る。 ・自分の朝食をくらべ、理想の献立に近づける。 ・朝食と生活リズムの関係について知る。	○サーモグラフィーを示し、朝食を食べた時と食べなかった時の体温の違いを確認しながら朝食の大切さを説明する。 ○ステップアップ表と食品カード、献立のイラストを使用し、よりよい朝食のとり方を知らせ、自分の朝食をレベルアップするための方法について考えることを確認する。 ○単品の食事でなく、組み合わせてとることで、栄養バランスがとれた食事になることに気づくようにする。 ○自分の朝食の課題に気づくことができるように支援する。 ○理想の献立に近づくためにステップアップしていくと無理がないことを伝える。 ○栄養バランスのとれている生徒には、食事量なども含めて考えてみるよう助言する。	サーモグラフィー ステップアップ表 食品カード ワークシート 献立のイラスト 　　　（※①）
活動のまとめ	1　本時のまとめをする。 ・今日の授業でわかったことやこれから心がけることなどをワークシートに記入する。	○自分の食生活を見直そうという意欲を認め実践化につなげたい。	ワークシート

※①けんたくんのカラフル変身シートとペープサートより使用

（4）本時の評価規準とその観点
　・朝食の役割を理解できたか。（知識・理解）
　・自分の朝食をふりかえり、改善するめあてを考えることができたか。（関心・意欲・態度）
6　事後の指導・活動の配慮点
　・本時で学習したことを意識して生活することができているか、給食の時間などを使って継続的に励ましていきたい。

中学校第3学年　学級活動指導案

宮崎県　宮崎市立東大宮中学校

指導者　学級担任　○○○○　（T1）
　　　　学校栄養職員　川越孝子（T2）

1. 題材名　　朝食を食べてパワーアップしよう
2. 題材設定の理由
　　新学期開始から1か月くらいたつと、生徒たちも中学校最上級生としての生活に慣れて、気がゆるんできたり生活習慣が乱れてきたりします。そこで、朝食指導を学年全体で行うことで、自らの食生活をふりかえり、朝食を中心に食の自立を図ることができるよう、本題材を設定しました。
3. 目標
   - 朝食の効果と役割を理解して、栄養バランスのよい朝食をすすんで食べようとする
   - 自らの食生活をふりかえり、望ましい朝食のとり方を実践しようと意欲を持つ
4. 本時の展開

過程	学習内容	指導上の留意点	資料等
導入	ビデオを見て、朝食の効果を実感する	朝食を食べると体温や血糖値が上昇することをビデオを使って理解させる。	・ビデオ
展開	サーモグラフィーの色の変化で体温が上がっていることを、確認する。	サーモグラフィーを黒板にはり、体温の上昇をより具体的にわからせる。	・サーモグラフィー
	食生活アンケート結果をもとに、朝食をしっかり食べるためには、どうすればよいかを考える。 ①夜ふかしをしない ②夜食を食べない	食生活アンケートの結果を発表する。自分たちの実態を再認識させる。また生徒自らの生活を想起させながら、考えるよう促す。	
	食べ物の内容によって消化吸収の時間が違うことを理解する。	炭水化物、たんぱく質、脂質の消化吸収について、理科で学んだことを思い起こさせながら画像を使って説明する。	
	栄養バランスのよい朝食がなぜ大切なのかを理解する。	家庭科で学んだ主食・主菜・副菜がそろうと栄養バランスがよい献立になることをふりかえらせ、食品カードを使って、栄養バランスのよい和食例と洋食例を提示し、より具体的に知らせる。	・食品カード
まとめ	ワークシートを見て、冷蔵庫の中から自分たちが簡単な朝食をつくることができることを知る。また、つくってみようと意欲を持つ。	普段、家の冷蔵庫にどんな食品が入っているのか思い出させて、その中から自ら朝食をつくってみようと意欲を持たせる。	・ワークシート

※本時のめあて：朝食を食べてパワーアップしよう

5. 評価
   - 朝食の効果と役割を理解して、栄養バランスのよい朝食をすすんで食べようとする意欲を持てたか。
   - 自らの食生活をふりかえって、望ましい朝食をとろうと実践するように意欲を持てたか。

第3章 資料編

すぐに使える資料を掲載

◆生活リズムシート

A-1

B-1

起きる

A-2 朝ごはん

A-3 うんちが出る

給食

A-4 勉強

夕ごはん

朝ごはん指導実践事例集 67

運動	入浴
A-5 ねる	B-2 朝ごはんぬき
B-3 うんちが出ない	B-4 ねむい

B-5 夜ふかし

今までの朝ごはん指導に新教材をプラス！
生活リズムシートを活用してみましょう

活用1

準備　生活リズムシートを好きな大きさに拡大コピーして切りぬきます。A-1～5とB-1～5の間にマグネットシートをそれぞれはさんで裏面をはり合わせます。そのほかのシートは、裏面にマグネットシートをはります。

指導例　B1～5の面を表にして黒板にはり、「なぜこの男の子は元気がないのでしょう。1日のようすから改善した方がよいところを答えてください」などと問いかけ、子どもの発言に合わせて右の写真のようにシートを裏返していき、生活リズムを視覚で理解させます。

活用2

準備　生活リズムシートを好きな大きさに拡大コピーして切りぬき、裏にマグネットシートをはります。24時間時計も拡大コピーして切りぬきます。

指導例　黒板に24時間時計をはり、その近くに生活リズムシートをはっておきます。子どもたちに「昨日をふりかえって1日のようすを教えてください」などと問いかけ、時計に合わせて生活リズムシートをはらせて、生活リズムの見直しをさせます。

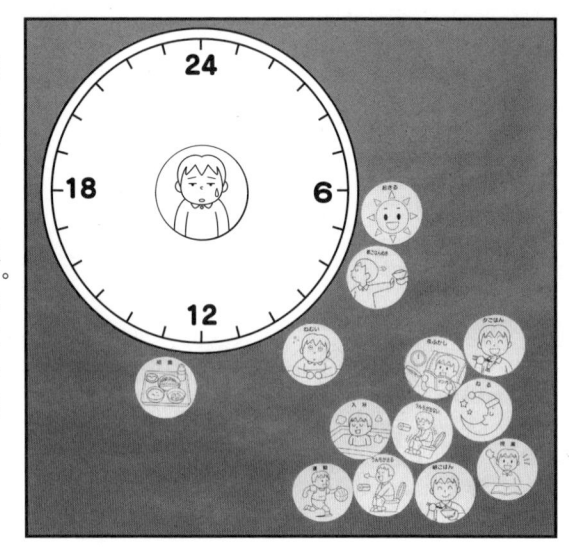

お得な情報

資料編がダウンロードできます！

下記のURLにアクセスすると、第3章資料編の生活リズムシートの**カラー版**がダウンロードできます。

http://www.schoolpress.co.jp/kanren/shokuiku/asajirei-d.htm

お願い　本書に掲載されているすべての文書・イラスト並びに、上記URLからダウンロードできるイラストは、学校・園所内での使用や児童生徒・保護者向け配布物に使用する目的であれば自由にお使いいただけます。それ以外の目的やインターネットなどへの使用はできません。

◆朝食の摂取状況グラフ

グラフ1

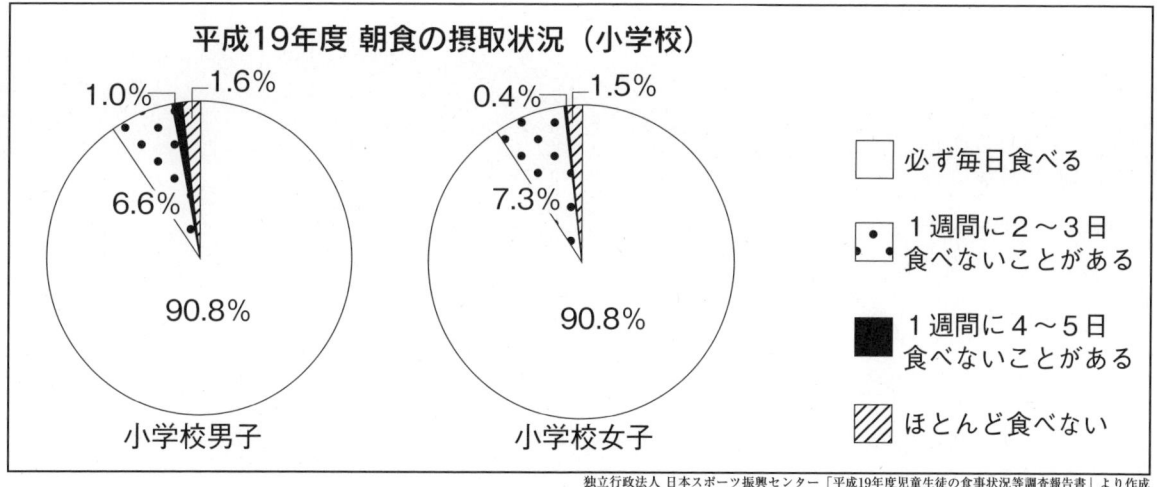

平成19年度 朝食の摂取状況（小学校）

小学校男子
- 必ず毎日食べる：90.8%
- 1週間に2～3日食べないことがある：6.6%
- 1週間に4～5日食べないことがある：1.0%
- ほとんど食べない：1.6%

小学校女子
- 必ず毎日食べる：90.8%
- 1週間に2～3日食べないことがある：7.3%
- 1週間に4～5日食べないことがある：0.4%
- ほとんど食べない：1.5%

独立行政法人 日本スポーツ振興センター「平成19年度児童生徒の食事状況等調査報告書」より作成

グラフ2

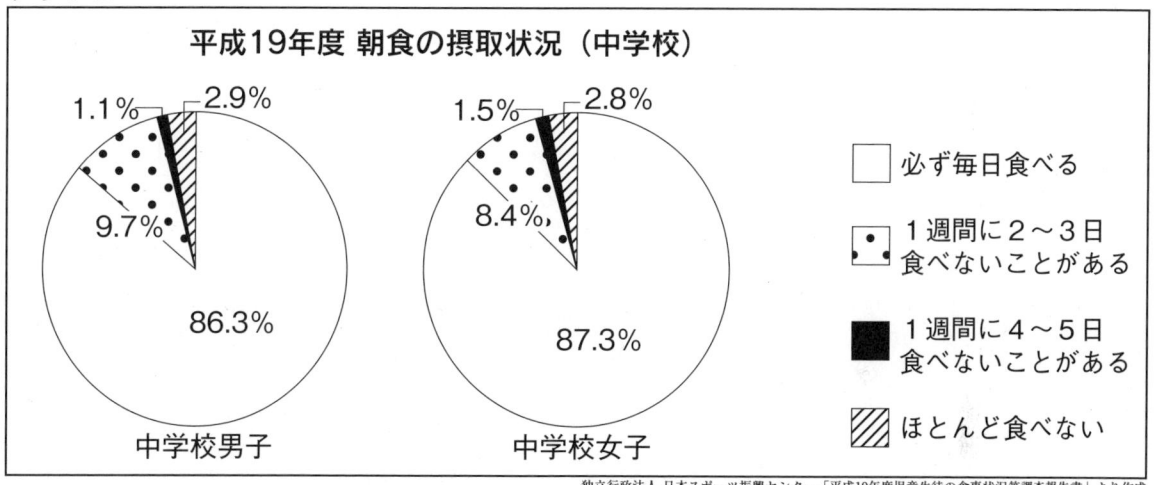

平成19年度 朝食の摂取状況（中学校）

中学校男子
- 必ず毎日食べる：86.3%
- 1週間に2～3日食べないことがある：9.7%
- 1週間に4～5日食べないことがある：1.1%
- ほとんど食べない：2.9%

中学校女子
- 必ず毎日食べる：87.3%
- 1週間に2～3日食べないことがある：8.4%
- 1週間に4～5日食べないことがある：1.5%
- ほとんど食べない：2.8%

独立行政法人 日本スポーツ振興センター「平成19年度児童生徒の食事状況等調査報告書」より作成

グラフ3

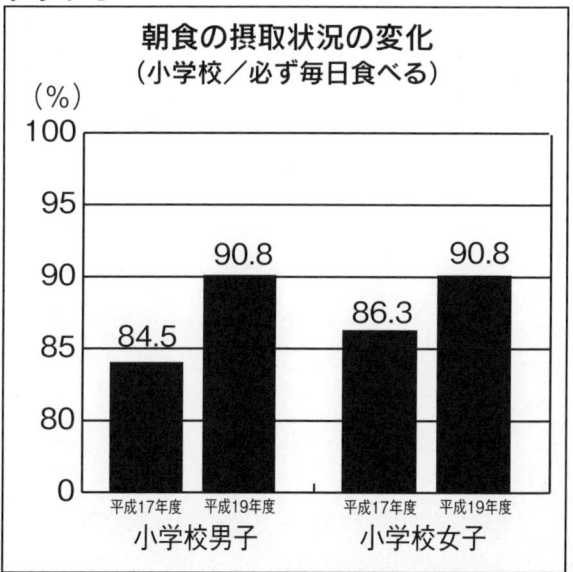

朝食の摂取状況の変化（小学校／必ず毎日食べる）

	平成17年度	平成19年度
小学校男子	84.5	90.8
小学校女子	86.3	90.8

独立行政法人 日本スポーツ振興センター「平成19年度児童生徒の食事状況等調査報告書」より作成

グラフ4

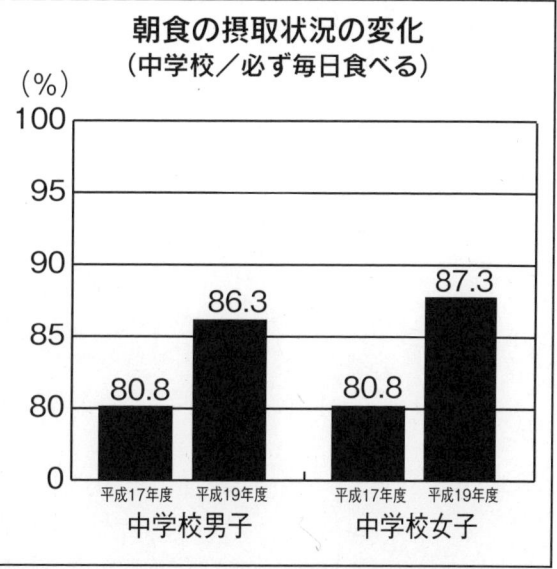

朝食の摂取状況の変化（中学校／必ず毎日食べる）

	平成17年度	平成19年度
中学校男子	80.8	86.3
中学校女子	80.8	87.3

独立行政法人 日本スポーツ振興センター「平成19年度児童生徒の食事状況等調査報告書」より作成

朝ごはん指導実践事例集

あとがき

『食育にすぐ活用できる教材シリーズ 朝ごはん』の監修・指導のお話をいただいた時、少年写真新聞社と話し合ったことは、即実践しやすいものを目指すことでした。そのために、①発達段階に配慮し、低学年、中学年、高学年以上対象の指導案(例)②板書計画やワークシート、③給食時間の指導案(例)、④家庭配布用たより、⑤参考データ、⑥教材は使用しやすく汎用性があるもの、最後は購入しやすい価格、などでした。

試作段階では、私が食育研究のお手伝いをしていた東京都の葛飾区立東柴又小学校において、実際に教材を使った学級活動をやっていただき、教材の大きさ、指導案の流れ等に先生方のご意見をいただき、何回も修正を重ねて完成させました。

事例集作成のために、お願いしてお寄せいただいた資料を見た時、当初考えていた以上に発展的な活用が数多くあり、編集担当者との時間をかけたやり取りが思い出されて、改めてご購入いただいた皆様に感謝した次第です。今回の事例集についても、どしどしご意見をお寄せくださるように、お願いいたします。

女子栄養大学短期大学部 教授
金田雅代

本書に登場する『食育にすぐ活用できる教材シリーズ 朝ごはん』(金田雅代監修・少年写真新聞社刊)は、小学校低学年、中学年、高学年以上対象の指導案つきカラー教材です。詳しくは、少年写真新聞社ホームページをご覧ください。また、本書に関するご意見・ご感想は少年写真新聞社編集部までお寄せください。

株式会社少年写真新聞社
TEL 03-3261-2715（編集部）／FAX 03-5276-7785
http://www.schoolpress.co.jp/